KB177813

DE&I
성공 전략

DE&I
성공 전략

정인호 지음

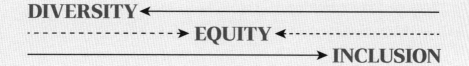

DIVERSITY ← ← ← ← ← ← ← ← ← ← ← ← ← ← ← ←
- - - - - - - - - - - - → EQUITY ← - - - - - - - - - -
→ → → → → → → → → → → → → → → → INCLUSION

빅마우스

Prologue

오늘날 기업은 핵심인재를 채용하고 유지하는 데 그 어느 때보다 사활을 걸어야 할 중요한 시점에 서 있다. 디지털 기술에 대한 의존도는 갈수록 높아지고 있지만, 인구 감소에 따른 핵심 연구 인력의 고갈 위기로 글로벌 기술 확장에 어려움을 겪고 있다. 또한 코로나 19 팬데믹을 경험하면서 기존의 업무 방식에 변화가 불가피해지고 있다. 이에 따라 기업은 핵심인재를 유치하고 유지하기 위한 효과적인 전략이 그 무엇보다 필요한 상황이다. 다양한 인력과 포용력은 비즈니스 성과를 높이는 핵심 요소다. 최근 글로벌 채용기관인 몬스터Monster의 조사에 따르면 Z세대 지원자의 83%가 회사를 선택할 때 DE&I에 대한 회사의 실행 의지가 중요하다고 응답했다.

DE&I란 무엇인가?

DE&I란 '다양성Diversity', '형평성Equity', '포용성Inclusion'을 포괄하는 용어다.

다양성은 인종, 민족, 성별, 연령, 성적 취향, 경제적 계층, 신체적 능력, 정체성, 종교 등의 차이를 인정하고 수용하는 것을 의미한다. 조직에서 다양성이 중요한 이유는 서로 다른 배경에 따라 서로 다른 관점이 나타나며, 이는 궁극적으로 더 나은 아이디어와 제품의 혁신으로 이어지기 때문이다.

형평성은 관행과 업무 절차가 공평하고 공정하며 모든 개인에게 동등한 결과를 제공하도록 보장받는다. 역사적으로 대표성이 낮은 집단은 차별을 받아왔다. 형평성은 모든 사람이 직장에서 동일한 기회와 역량을 발휘하고 성공할 수 있도록 자원을 제공한다. 형평성은 미묘하지만 평등과 차이가 있다. 평등은 모든 사람이 동일하게 대우받아야 한다고 가정하는 반면, 형평성은 개인의 고유한 상황을 고려하여 최종 결과가 동일하도록 그에 따라 적절한 조정의 과정을 거친다. 이것이 형평성과 평등의 결정적인 차이다.

포용성은 사람의 차이를 소중히 여기고 모든 사람이 소속감을 느낄 수 있도록 근무 환경을 조성하고 리더십을 발휘한다. 출신 배경, 가치관, 상황에 상관없이 자신의 잠재력을 최대한 발휘하여 좀 더 효과적으로 집단적 역량을 향상시킬 분위기를 조성한다.

다음으로 DE&I의 중요성에 대해서 살펴보자. DE&I는 모든 사람에게 동등한 기회를 제공하는 공정한 사회를 구축하는 데 도움이 된다. DE&I의 인식 수준이 높을수록 소외된 사람들과 집단이 더 평등하게 대우받으며 더 높은 사회·경제적 지위에 도달하는 데 도움을 준다. 무엇보다 DE&I는 회사의 수익성을 증대시킨다. 맥킨지의 연구에 따르면 다양성이 확보된 기업은 평균 이상의 수익성을 확보할 가능성이 21% 더 큰 것으로 나타났다. 또한 보스턴 컨설팅그룹에 따르면 다양한 경영진을 보유한 회사가 혁신을 통한 수익이 19% 더 높은 것으로 나타났다. 다양한 경영진을 보유한 테크 기업은 더욱 효율적인 프로젝트의 관리 및 구현으로 이어져 1.32배 더 높은 생산성을 보이기도 한다.

수익성 외에도 DE&I는 조직의 전반적인 성과에 큰 영향을 미친다. 라틴 아메리카의 연구에 따르면 다양성을 추구하는 기업은 팀워크와 같은 친화적인 조직문화로 전환할 가능성이 75% 크게 나타났다. 포용적인 팀은 최대 87%의 더 공정하고 효율적인 비즈니스 의사결정을 내릴 수 있다. DE&I는 직원 참여도와 직접적인 관련이 있다. 직원 참여도가 높으면 직무 만족도가 높아져 이직률이 낮아진다. 높은 직무 만족도와 낮은 이직률은 더 넓은 인재 풀에 접근할수 있으며 다양한 인재를 유입하는 데 도움 된다.

글로벌 트렌드 DE&I, 하지만…

DE&I가 비즈니스의 필수 요소임은 의심의 여지가 없다. 오늘날 DE&I는 모든 조직의 수익성을 강화하고 의사결정을 지원하며 직원의 채용과 유지에도 도움이 되는 합법적인 비즈니스 목표로 널리 인식하면서 글로벌 트렌드로 자리 잡았다. 구글 트렌드에서 전 세계를 대상으로 지난 5년간 DE&I 키워드를 분석한 결과 DE&I의 관심도가 2020년 이후부터 급격한 우상향 추세를 보이는 것을 알 수 있다. ESG의 '사회'에 초점을 맞춘 DE&I를 실천하지 않는 기업이 없을 만큼 핵심 트렌드로 급부상했다. 애플, 구글, 메타, 아마존, 넷플릭스 등 글로벌 기업은 물론, 미국 경제 전문지 〈포춘Fortune〉이 선정한 세계 500대 기업의 80%가 DE&I를 주요 가치로 내걸었다.

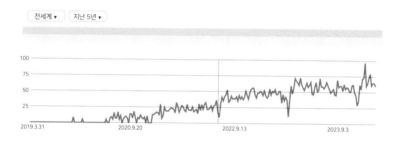

그런데 직원 경험을 위한 글로벌 플랫폼 기업인 컬처 임프Culture Amp의 2022년 보고서에 따르면 조직의 86%가 DE&I가 가치 있다고 믿고 있지만 DE&I를 제대로 실천하거나 측정하는 방법을 알고 있는 조직은 27%에 불과한 것으로 나타났다. 회사에 근무하는 직원 중 3분의 2가, 자신의 회사가 DE&I 전략을 수립하기 위한 충분한 노력을 기울이지 않는 것이다. 한국 기업의 경우는 더욱 심각하다. 입사 때 여성 직원 비율이 50%인데 부서장, 경영진으로 갈수록 비율은 확 떨어진다. 출산한 직원은 경력 단절에 대한 두려움으로 떨어야 하고, 세대 갈등·젠더 갈등은 극명하게 드러난다. DE&I가

글로벌 트렌드로 자리 잡히고 그 중요성이 부각되었음에도 국내 출판 시장에는 DE&I 관련 책이 전무하다. 번역된 외서만 일부 존재할 뿐이다. 아마존에서 'diversity, equity, inclusion'이라는 키워드를 치면 1,000권이 넘는 책이 소개된다. 포용성이 부족한 조직에는 형평성을 고려할 수 없고, 형평성이 보장되지 않는 조직에서는 다양성을 기대할 수 없다.

DE&I는 '있으면 좋은 것nice to have'이 아닌 '반드시 가져야 하는 must have' 핵심역량이다. 단순히 인종, 성별, 연령이 다양한 사람들을 고용하거나 인터넷이나 회사 벽보에 슬로건을 제시하는 것 이상이어야 한다. 이 책은 반드시 가져야 하는 DE&I 구현을 위해 이론보다는 실용적인 방법론을 담아 경영 현장에서 바로 적용할 수 있도록 돕고자 했다. 피상적으로 접목하기보다는 현실적 문제를 진단하고 DE&I 전략을 수립하고자 하는 이들에게 직원의 공감을 얻으며 조직의 전반적인 성공을 촉진할 통찰력을 담았다. 아울러 DE&I를 어떻게 강화할 수 있는지, DE&I 전략을 성공적으로 수행하는 기업에는 어떤 특별한 점이 있는지, DE&I를 어떻게 측정하고 내재화해야 하는지, DE&I 전략 실행에 따른 장애 요소와 극복 방안을 상세히 풀어놓았다. DE&I 구현은 단지 일회성 노력으로 끝나는 것이 아니다. 일관되고 체계적인 노력이 필요한 장기 프로젝트다. 따라서 조직 DNA의 필수적인 부분이 되는 장기 DE&I 전략을 구축하는 과정 또한 담았다.

'성장은 고통스럽다. 변화도 고통스럽다. 그러나 원치 않는 상황에 갇혀 꼼짝하지 못하는 것보다 고통스러운 일은 없다.'

이는 인도의 빌 게이츠로 불리는 인포시스의 공동창업자 나라야마 무르티Narayana Murthy가 오늘날 변화되는 경영 환경에 대응하는 이들에게 던진 메시지다. 세상의 변화를 읽고 직원의 만족과 고객 감동을 위해 혁신을 거듭하는 기업이라면 벗어나지 못할 위기도 없다. 이 책을 통해 DE&I의 무한한 잠재력을 활용하여 세계적인 기업으로 성장하는 여정을 시작하길 바란다.

정인호

Part 1
돈보다 중요한 것은?

Part 2
DE&I는 어떻게 강화되는가?

Part 3
성공한 기업에는 특별한 무언가가 있다

▼

Part 4
조직 내 DE&I 내재화하기

Part 1

돈보다 중요한 것은?

DIVERSITY EQUITY INCLUSION

파트너십을 형성하고 협력을 구축하는 것은
자연에서 나타나는 가장 오래되고 강력한 기본적 충동이다.
남과 상관없이 살아가는 생명체란 없다.
모든 생명체는 다른 생명체에 기대어 살아간다.
_루이스 토머스Lewis Thomas, 미국의 시인이자 의사 · 행정가

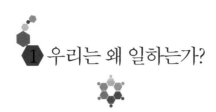

1 우리는 왜 일하는가?

'일이란 무엇이고, 우리는 왜 일을 하는가?'

이런 시나리오를 상상해보자. 세 살짜리 안나는 바비인형을 제일 좋아한다. 그런데 안타깝게도 바비인형을 안고 자다가 인형 다리가 망가졌고, 안나는 몹시 슬퍼했다. 아이의 울음이 멈추지 않자, 엄마는 안나를 데리고 인근 대형 장난감 매장을 찾아갔다. 안나의 엄마는 직원에게 상황을 설명했다.

일을 단순히 돈벌이 수단이라고 생각하는 직원이라면 엄마와 안나를 인형이 즐비한 매대로 안내해주고 원하는 것을 찾아보라고 할 것이다. 안나는 거기서 새 바비인형 하나를 선택할 것이고, 원래 갖고 있던 정든 바비인형은 쓰레기통으로 직행할 것이다. 이제 판매 직원은 계산대에서 아이가 새 바비인형을 갖고 오면 결제 후 하루의 일과가 끝나기를 기다릴 것이다.

반면 단순한 돈벌이 수단이 아니라 큰 목적의식을 갖고 일을 대하는 직원이라면 무심히 인형 매대로 안내해주지 않을뿐더러 새 장난감을 박스째 건네주지도 않을 것이다. 그 대신 의사로 변신해 망가진 바비인형의 수술에 돌입한다. 사람이 다치면 병원에서 수술받듯이 똑같은 상황이라고 설명하고 바비인형을 수술한 후 아이에게 넘겨준다. 아이는 기쁨을 감추지 못하고, 고마움을 느낀 엄마는 다른 인형을 추가로 구매한다. 이는 가정이 아닌, 실제로 베스트 바이에서 일어난 사례다.

"우리는 왜 일하는가?"

"당신을 움직이는 원동력은 무엇인가?"

이러한 질문에 "돈과 명예, 권력을 가지기 위해서"라고 대답하는 사람은 많지 않다. 대부분 "세상에 긍정적 변화를 주기 위해서" 또는 "가족과 친구 그리고 사람들의 희망과 꿈을 실천하기 위해서"라고 대답한다. 내가 컨설팅한 HR 임원은 "직원들의 행복을 위해서"라고 말했다. 베스트 바이의 판매직원은 일을 단순히 돈벌이 수단으로 본 것이 아니라 어린 고객의 얼굴에 웃음을 돌려주는 목적의식을 갖고 고객을 응대했다. DE&I 또한 마찬가지다. 지속적인 DE&I를 실천하기 위해서는 비즈니스에 대한 목적의식의 정립이 선행되어야 한다.

수익보다 중요한 것은?

목적의식이 없는 DE&I는 공허할뿐더러 지속성에도 한계가 있다. DE&I 수준이 높은 회사들의 공통점은 목적의식, 즉 철학이 있다는 것이다. 다음의 세 개 기업 사례를 살펴보자.

캘리포니아 항공사는 일에 대한 목적의식을 보여주는 대표적인 기업이다. 이 회사에는 매년 최고의 만족과 실적을 보여주는 부서가 있는데, 놀랍게도 비행기의 엔진을 청소하는 부서였다. 그 부서 원들은 모두 파란색의 심장외과 수술복을 입고 근무를 한다. 어느 날 외부 방문객이 왜 수술복을 입느냐는 질문에 이렇게 대답했다.

"우리는 비행기의 심장인 엔진을 청소하며 수술하는 사람들입니다. 사람의 심장을 고치듯이 우린 비행기의 심장을 고치는 의사입니다."

이들은 위 계층에서 강제로 시켜서가 아니라 그들 스스로 목적의식을 정립하고 포용성을 높여간다.

시니어들을 위한 휴대전화와 커넥티드 헬스 디바이스를 제조하는 그레이트콜GreatCall은 노인들이 요양원에 가지 않고 집에서 안전하게 생활할 수 있도록 원격 모니터링 서비스를 제공한다. 만약 비상 상황이 발생하면 신속하게 건강관리 요원이 대응한다. 놀랍게도 그레이트콜 건강관리 요원의 이직률은 2%도 채 안 된다. 콜센터의 이직률이 매년 100%가 넘는 수치에 비교하면 매우 고무적이다. 그레이트콜 직원들은 부모 같은 사람들의 생명을 구하는 일을 하고 있다는 목적의식이 있기에 가능한 일이다.

1973년 월트 디즈니 월드는 직원들의 의욕 저하로 이직률이 83%에 달한 적이 있었다. 학사학위까지 취득했음에도 하루 종일 동물의 배설물을 치우고, 바닥을 쓸고 닦고, 동물에게 밥 주는 일로 시간을 보내기 때문이다. 당시 직원 교육을 담당했던 디즈니대학은 조직과 직원의 목적의식이 없으면 직원뿐만 아니라 고객도 행복할 수 없다고 판단해 테마파크를 직장이 아닌 꿈과 행복을 연출하는 무대라는 목적의식을 재정립했다. 직원들이 일에 대한 인식을 단순히 동물 뒤치다꺼리를 하는 것이 아니라 고객의 행복을 위해 동물을 돌보기 위한 개인적 소명으로 전환한 것이다. 그 결과 이직률은 28%까지 낮아졌고, 직원들은 디즈니 소속이라는 자긍심을 갖고 일할 수 있게 되었다.

20세기를 대표하는 사상가이자 정신 의학자인 빅터 프랭클의 자전적 에세이《죽음의 수용소에서Man's Search for Meaning》에서 그는 나치 강제 수용소에서 부모, 형제, 아내를 모두 잃고, 추위와 폭행 등 참혹한 고통을 경험하면서도 삶의 의미를 되새기며 마침내 살아남는다. 그는 쾌락이나 권력을 추구하는 것이 인간다움이 아니라 삶의 의미를 추구하는 것이 궁극에 이르는 길이라고 보았다. 삶의 의미 추구는 무엇이 옳고 그른지에 관한 기본적 신념으로, 세부적인 태도를 구성하며 행동의 근간이 된다. 최근 갤럽의 설문조사에 따르면 일의 목적을 찾는 것이 MZ세대에게 가장 중요한 것으로 확인되었다.[01] 딜로이트도 MZ세대의 근로의식을 조사했는데, 그들은 이익만으로는 성공적인 사업을 할 수 없다고 압도적으로 믿고 있는 것으로 나타났다. 또한 직장에서의 다양성과 포용성에 대한 강조를 포함하여 추가적인 우선순위를 지적했다. 동시에 응답자 중 약 3분의 2는 '비즈니스 리더가 DE&I를 단순히 입술만 내는 것에 불과하다'고 믿고 있었다.[02]

목적의식이 중요하고 일의 본질이 빠르게 진화했음에도 비즈니스를 바라보는 우리의 시각은 좀체 변하지 않는다. 회사의 매출이 하락하고 경제 흐름이 좋지 않으면 가장 먼저 직원을 해고하고, 원가를 줄이며, 각종 인센티브 지급을 중단한다. 이렇게 위기가 닥치면 DE&I는 안중에 없고 오로지 수익 창출에만 매진한다. 물론 수익 창출이 중요하지 않다는 것은 아니다. 수익을 생각할 때 기업은 재무제표에 볼 수 없는 영역, 즉 고객서비스와 DE&I에 대한 영향력은 고려하지 않는다. 목적의식 없이 단순히 수치를 맞추는 일에만 집중하면 혁신도 어려워진다. 스탠퍼드대학교의 연구 결과에 따르면 첨단 기업들의 혁신은 기업공개 이후 40%나 둔화했다.[03] 하지만 목적의식이 뚜렷한 기업은 재정 상황이 좋든 좋지 않든 항상 고객의 가치와 DE&I를 추구한다. 따라서 유행에 휩쓸려 맹목적으로 DE&I를 추구하기보다 조직의 목적의식 정립을 선행해야 한다.

웨그먼스 효과

조직에 뚜렷한 목적의식이 정립되었다면 다음 단계는 무엇일까? 조직은 공동의 목적을 달성하기 위해 개인으로 이루어진 인간 조직이다. 그 공동의 목적이 구성원들의 DE&I를 고려할 때 조직은 놀라운 성과를 이뤄낸다. 여기서 중요한 것은 사람을 '자원'이 아닌 '원천'으로 보아야 한다. 직원은 순전히 돈으로 움직이는 인적자본이 절대 아니다.

'웨그먼스 효과Wegmans Effect'라는 용어가 있다. 미국에서 가장 일하기 좋은 기업 중 하나인 식료품 체인점 웨그먼스 푸드마켓 Wegmans Food Markets의 성공 경영 사례에서 유래한 용어로, 직원의 만족도가 기업의 생산성 향상으로 이어지는 효과를 막한다. 웨그먼스 푸드마켓의 CEO인 대니 웨그먼은 '직원이 첫째, 고객은 두 번째 Employees First, Customers Second'라는 모토를 내걸었다. 고객들에게 최고의 서비스를 제공하려면 직원들부터 최고 수준으로 대우해야 한다는 경영 방침을 선언한 것이다. 회사의 재정 사정이 어렵더라도 절대 정리해고를 하거나 급여를 삭감하지 않는다. 오히려 업계 평균보다 25% 많은 급여를 주고 심리적 안정감을 부여한다. 이런 정책을 추구한 결과 웨그먼스 푸드마켓은 소비자 만족도 1위의 유통체인이 되었다. 2017년 〈포춘〉이 실시한 가장 일하기 좋은 기업 조사에서 구글에 이어 미국에서 가장 일하기 좋은 기업 2위로도 선정되었다. 사우스웨스트 항공도 직원들이 두려움을 버리고 자신의 미래에 안심할 수 있는 분위기를 조성하기 위해 한 번도 정리해고를 단행한 적이 없다. 코로나19로 말미암은 전례 없는 팬데믹 상황에도 예외는 아니었다.

목적의식이 있는 기업은 직원을 조직의 중심이자 원동력으로 여긴다. 그 원동력은 DE&I의 질적 수준을 높이고 궁극적으로 높은 성과 창출에 기여한다. 따라서 다음과 같은 3P의 인과관계 모델이 형성된다.

1 Purpose
사업철학,
목표의식

2 People
사람중심,
인적가치

3 Profit
매출,
영업이익

"회사를 움직이는 원동력은 무엇인가?"라고 물었을 때 "매출을 극대화하는 것이다"라고 대답하는 직원은 많지 않다. 회사의 매출이 당신을 아침에 눈뜨자마자 침대에서 이불을 박차고 나오게 만드는 원동력은 아닌 것이다. 회사가 건강해지려면 수익을 높이는 데만 집착해서는 안 된다. 수익이 꼭 필요하지만, 그것은 결과다. 그 자체가 목적은 아니다. 수익과 결과에만 집착하면 효율성이 떨어지게 되고, 결과가 기대치에 미치지 못하는 경우 좌절과 분노에 빠지게 된다. 이러한 심리적 불안감은 실패에 대한 부담감으로 가중되고 결국 모든 에너지를 고갈시킨다. 따라서 목적과 사람을 중시하는 Purpose → People → Profit 인과관계 모델로 경영의 관행을 바꿔야 한다. 예를 들어 회사에서 경영진 회의를 할 때 재정적 현황을 다루기 전에 목표의식, 그다음에 직원과 고객의 문제를 먼저 다뤄야 한다. 회사의 생존 자체가 위태로운 시기에도 예외 없이 재정문제보다 사람과 조직의 목표의식을 먼저 체크하고 어떻게 변화시킬 것인지에 더 많은 시간과 노력을 해야 한다.

'저주'로 유명한 메이저리그 구단 시카고 컵스의 마지막 월드시리즈 우승은 1908년이었다. 이후 1945년 월드시리즈에 진출했을 때 빌리 시아니스라는 인물이 애완용 염소를 데리고 리글리 필드에 들어가려다 제지당했는데, 그러면서 앞으로 컵스는 절대 월드 시리즈에 진출하지 못할 것이라는 염소의 저주가 생겼다. 그런데 108년 만에 그 저주가 깨졌다. 2016년 월드시리즈에서 우승컵을 거머쥐게 된 것이다. 염소의 저주를 깬 인물은 메이저리그 사상 최연소 단장인 28세의 테오 엡스타인Theo Epstein 사장이었다. 그는 '수익성' 대신 '사람 사는 야구'에 집중했다. 2012년 스프링캠프 때 엡스타인은 구단 전체 워크숍 중 하루 전체를 '인성' 강조에 할애했다. 최고의 정신력과 의지를 가진 선수를 채용하고 스카우팅 시스템을 바꿨다. 타율이 높고, 어떤 변화구를 얼마나 잘 던졌는지보다 주변 사람들의 평판을 더 가치 있게 판단했다. 엡스타인은 무조건적인 성과에 집착하기보다 사람의 관계에 집중했다. 그는 사람들이 어려운 일에 맞닥뜨렸을 때 팀 동료들과의 관계, 조직 전체의 관계, 함께한다는 소속감이 이를 해결하는 열쇠가 된다고 강조했다. 자신의 이익을 우선시하는 선수보다는 타인을 생각하고 공감할 줄 알고 어려움도 함께 극복할 수 있는 선수들을 모았고, 이를 통해 컵스의 저주를 깨뜨렸다. 2017년 엡스타인은 〈포춘〉에서 선정하는 세계 최고의 리더 1위에 올랐다.

사람의 문제를 다루는 포용적인 기업은 재무 목표를 달성할 가능성이 120% 더 높고, 1.7배 더 혁신적이다.[04] 특히 CEO가 DE&I 전략을 설정하고 DE&I 진행 상황을 직원들과 자주 공유할수록 회사는 다양한 리더십팀을 보유하고 업계 리더가 될 가능성이 6.3배 더 커진다.[05] 공교롭게도 오늘날 MZ세대의 67%가 이러한 기업에서 일할 수 있는 곳을 찾는다. 아울러 이런 기업에 돈을 쓰고 싶어 하는 고객이 점점 늘어난다.

Purpose → People → Profit의 인과관계 모델을 구현하려면 직원의 신뢰를 얻어야 한다. 진정으로 포용적인 직장을 구축하려면 리더는 개인적인 헌신을 보여주고 이를 실현하는 데 책임을 져야 한다. 기업이 잘 돌아갈 때 그 공로는 해당 직원들에게 돌려주고 만약 문제가 생기면 그 책임은 최고경영자나 최고위층에서 책임지는 것이 적절하다. 물고기는 머리부터 썩는 법이다. 특히 기업이 생사의 기로에서 헤맬 때 웨그먼스 효과가 건재함을 보여줘야 한다. 재정 사정이 좋지 않을 때 사람 수를 줄이는 것은 최후의 수단이지, 최초의 수단이 돼서는 안 된다. 오히려 사람이 기업 회생의 열쇠라는 인식을 심어주고 긍정적인 환경을 조성해야 한다. 두려움과 어두운 면이 조직의 환경을 뒤덮으면 문제는 더욱 심각해진다. 포드는 파산 직전이었지만 모든 문제는 정상이었다. 정상이 아닌데 정상인 척하거나 완벽한 척하지 않아야 한다. 그 누구도 자신의 취약한 면이 드러나는 걸 두려워해서는 안 된다.

POINT ··

회사가 건강해지려면 수익을 높이는 데만 집착해서는 안 된다. 수익과 결과에만 집착하면 효율성이 떨어지게 되고, 결과가 기대치에 미치지 못하는 경우 좌절과 분노에 빠지게 된다. 이러한 심리적 불안감은 실패에 대한 부담감으로 가중되고 결국 모든 에너지를 고갈시킨다. 따라서 목적과 사람을 중시하는 Purpose → People → Profit 인과관계 모델로 경영의 관행을 바꿔야 한다.

2 천재와 DE&I

모든 인간은 천재로 태어난다. 천재라는 단어는 어근 'gene'으로 '낳다', '생성하다'는 의미를 지닌다. 말 그대로 천재는 생성하거나 창조하는 사람이다. 그런데 대부분의 사람은 '창조적creative'이라는 단어를 레오나르도 다 빈치, 미켈란젤로, 피카소 등과 같은 위대한 예술가나 그들의 작품과 연관시킨다. 이것은 너무나 좁은 견해다. creative는 '성장하다'라는 의미의 라틴어 'creare'에서 유래되었다. '창의적'이라는 것은 모래성, 그림, 예술 또는 과학 이론과 같은 무언가를 성장시키고 생산한다는 광의의 의미를 지니고 있다. 옥스브리지Oxbridge는 지능, 창의성, 고정관념에서 벗어난 사고를 하면 모두 천재가 될 수 있다고 정의한다.

그런데 문제는 태어난 후 경험하는 다양한 교육 시스템과 조직 구조가 인간을 바보로 만든다는 것이다. 1960년대 나사NASA의 조지

랜드George Land와 베스 자먼Beth Jarman 박사는 창의적인 인재를 식별하기 위해 4~5세 사이의 미취학 아동 1,600명을 대상으로 테스트한 결과 98%가 창의적인 천재 수준의 점수를 받았다. 이들이 초등학생이 되면 30%만 남는다. 그리고 15세에는 12%에 불과했다. 성인 그룹을 대상으로 동일한 테스트를 한 결과 창의적인 천재는 2% 미만이었다.[06] 그도 그럴 것이 미취학 아동 때까지만 해도 아이들에게 하고 싶은 운동, 음악 등 다양한 취미 활동과 독서 활동, 체험 캠프 활동으로 다양한 가치를 심어주고 길러주는 교육을 한다. 그러다가 아이들이 초등학교 고학년, 중·고등학생이 되면 '좋은 대학 진학'이라는 하나의 획일적인 목표가 정해지면서 창의성은 점점 쇠퇴해진다.

대한민국 0.1%만 간다는 서울대학교의 교육 상황을 살펴봐도 그 이유를 알 수 있다. 서울대학교 이혜정 교수가 서울대생 1,100명을 심층 조사한 결과 A+를 받는 학생들은 중·고등학교 때 공부하던 방식 그대로 필기를 열심히 할수록, 수업 태도가 수동적일수록 학점이 좋았다.[07] 교수의 의견에 의문을 제시하거나 아무리 좋은 생각이라도 답안지에 쓰면 높은 학점을 받을 수 없다. 그 때문에 C학점을 받는 학생들은 답안지에 교수의 의견을 그대로 적고 질문하지 않는다. 물론 교수들도 이런 방식의 한계를 누구보다 잘 안다. 주입식 교육에 익숙한 학생들에게 다양성 교육을 필수과목으로 편성하고 질문과 토론 중심의 수업을 시도하면 수강 신청이 취소 또는 폐강될 수 있고, 평가의 공정성에 다양한 이슈를 낳게 된다.

이들이 회사에 입사하면 문제는 더욱 심각해진다. KPI 중심의 성과 압박은 창의적 사고를 막고 경쟁을 더욱 부추긴다. 경쟁 시스템은 창의력을 키워 경쟁력을 높여주기보다는 사람들을 통제하는 데 적합한 제도다. 그렇게 되면 사회는 경쟁 자각이 높아지면서 공격성이 발동되고, 자신을 성장시키는 일에만 매진하게 되고, 차츰 시야가 좁고 보수적인 사람으로 변하게 된다. 그러니 성인 그룹에서 천재성이 2% 미만으로 떨어질 수밖에 없는 것이다.

나사와 서울대학교 연구 결과에서 보듯 기계적 학습으로 하나의 올바른 답을 찾는 데 초점을 맞춘 현재의 교육 시스템과 조직구조는 창의성과 혁신의 뿌리인 다양한 사고와 DE&I를 원초적으로 억압할 수 있음을 시사한다.

DE&I는 진화한다?

옛날 씨족사회나 부족사회에서는 DE&I가 그다지 필요하지 않았다. 당시에는 다른 지역에 사는 부족을 만날 이유도 없었고 그저 자신의 공동체 내에서 익숙한 사람들끼리 필요한 자원을 공유하며 살면 충분했다. 즉, 다양성보다 동질성이 높은 사회 시스템이었다.

베이비붐세대, X세대, 밀레니얼세대를 지나 오늘날 잘파세대가 성장하고 있는 환경을 생각해보자. 잘파세대는 부모의 세대와는 달리 해외여행을 떠날 기회가 한결 쉽고 잦아졌을 뿐만 아니라 전 세계를 하나의 세대로 연결해주는 스마트폰으로 문화적·사회적 동질감을 키웠다. 흥미로운 사례를 하나 들어보자. 2003년에 방영된 드라마 〈대장금〉은 최고 시청률 57.8%를 기록하며 엄청난 성공을 밑거름으로 여러 나라에 수출되었다. 중국에서 1~2년 인기를 누린 뒤 베트남에 진출하여 인기를 얻기까지 또 1~2년이 걸렸다. 그리고 중동에서 1년, 아프리카에서 또 1년이 걸렸다. 즉, 베이비붐세대와 X세대에는 문화의 확장이 동시다발적으로 진행되지 않았다. 하지만 〈오징어 게임〉은 넷플릭스에 공개되자 전 세계 94개국에서 동시에 1위를 차지하는 신드롬을 일으켰다. 잘파세대에게 문화적 이질성은 이제 전혀 문제 되지 않는다. 인구학적 기준으로 보면 이동 현상도 잦아졌다. 예컨대 영국에서 자랐지만, 프랑스에서 직장생활을 하거나 독일 출신이지만 미국에 거주하며 생활하는 라이프 스타일이 흔해졌다. 이러한 영향력은 잘파세대가 DE&I에 대해 더 높은 수준의 기준을 요구하게 되었다. 그들은 다양한 생각을 존중하고 모든 사람을 환영하며 건전한 담론을 장려하는 다양한 조직의 풍요로움을 경험하고 싶어 한다. 아울러 기후 위기, 코로나19 팬데믹, 범지구적 인종차별 등을 경험하면서 세계를 괴롭히는 억압에 대해 당연히 불만을 품고 있으며, 이러한 문제를 협력하여 해결하는 것을 두려워하지 않는다.

그렇다면 환경의 변화에 따라 그들의 DE&I 역량도 진화했을까? 그렇다고 보기는 어렵다. 조지 랜드와 베스 자먼 박사의 천재성 연구처럼 폐쇄적이고 수동적인 환경에서 천재성이 떨어지듯이 DE&I도 토론과 질문 중심으로 다양성에 대한 교육을 받고, 이것을 실제로 옮겨보지 않으면 절대로 얻을 수 없는 자질이자 역량인 것이다.

천재성을 높이고 DE&I 역량을 함양하기 위해서는 중·고등학교 때부터 정규과정에 다양성, 형평성, 포용성 교육을 필수과목으로 편성하고, 시험도 치르게 하고, 대학 입시에도 반영해야 한다. 누구나 DE&I의 중요성을 역설하지만 실제로 어디에도 반영하려고 하지 않는다. 이제 좋은 대학에만 들어가면 반드시 승승장구할 거라는 사실이 진실이 아님을 알고 있다. 미국의 예일대학교, 하버드대학교, MIT, 스탠퍼드대학교조차도 입학만 하면 좋은 기업에 취업한다는 글로벌 MBA 과정이 정원을 채우지 못해 경쟁력이 떨어지고 있다는 사실이 이를 방증한다.

기업에도 다양한 채용 선발기준이 있듯이 대학도 꼭 수능이 아니더라도 각자의 능력을 인정받으면 입학할 수 있도록 경쟁을 완화해야 한다. 우선 국내 대학은 갭이어Gap Year의 도입을 고려해볼 수 있다. 갭이어는 고등학교 졸업 후 바로 대학에 진학하지 않고 학업을 잠시 중단하고 봉사, 여행, 진로 탐색, 교육, 해외 인턴, 창업 등의 다양한 활동을 통해 향후 자신이 나아갈 방향을 설정하는 시간을 말한다. 영국과 미국을 포함한 여러 서구 나라는 학생들이 고등학교를 졸업하면 바로 대학에 진학하지 않고 1년의 기간에 걸쳐 다양한 경험을 쌓는 갭이어를 가진다. 유명인 중에서는 버락 오바마 대통령의 큰딸 말리아, 영화배우 엠마 왓슨, 영국 왕족 윌리엄 왕자와 해리 왕자가 갭이어를 가진 대표 사례다. 갭이어를 경험한 사람들은 자신의 꿈이나 적성을 뒤로한 채 획일화된 입시 위주 경쟁 사회에서 벗어나 자아 성찰의 기회가 되었고, 자존감이 높아졌으며, 무엇보다 DE&I 역량이 상당 부분 상승했다.

DE&I의 심리 엔진

이제 DE&I를 만들어내는 심리 엔진인 공감에 대해서 살펴보자. 효과적인 DE&I 실행을 위해서는 자신을 다른 사람의 입장에 두는 공감 능력이 필수적이다. 공감이란 다른 사람의 눈을 통해 상황을 보는 능력, 성급한 결론에 도달하기 전에 다른 관점에서 귀를 기울일 수 있는 능력 그리고 다른 사람이 느끼고 있는 것과 동일시하거나 친숙한 느낌을 활용할 수 있는 능력을 말한다. 이러한 공감 능력을 발휘하는 리더들이 위험 감수와 혁신을 위한 필수 요소인 심리적 안정을 구축하고, 다양하고 포괄적인 일터를 육성하는 데 더 효과적이다. 이는 DE&I를 논의할 때 가장 어려운 문제 중 하나다. 우리가 다른 사람의 눈과 귀가 되어 공감 능력을 발현하는 것은 본능적으로 매우 어려운 일이다. 그것은 마치 우리가 눈가리개를 하고 돌아다니는 것과 같지만, 의식적으로 다른 사람의 입장과 경험을 이해하려고 노력할 때 세상에 대한 우리의 눈가리개가 열린다. 하지만 많은 리더의 공감 능력은 여전히 저평가되어 있다. 최고경영자의 92%가 자신이 공감적인 조직을 이끌고 있다고 생각하지만, 직원의 50%만이 자신의 최고경영자를 공감적이라고 표현한다.

공감은 '정서적 공감'과 '인지적 공감'으로 구분할 수 있다. 정서적 공감은 영화나 드라마를 시청하다가 슬픈 장면이 나오면 감정이입이 된다. 이것이 바로 정서적 공감이다. 정서적 공감은 감정 측면에서 일어나는데, 인간을 비롯한 모든 포유류가 공유하는 감정이다. 반면 인지적 공감은 역지사지의 입장에 서서 상대방이 왜 그렇게 생각하고 행동하는지를 판단하는 것인데, 인간만이 가진 고차원의 감정이다.

그렇다면 정서적 공감과 인지적 공감 중 어느 것이 DE&I 역량을 증대시키는 데 도움 될까? 정서적 공감은 드라마의 슬픈 장면을 보면 의도적인 노력 없이 감정이입이 되는 것처럼 자연스럽게 느끼는 감정이다. 반면 인지적 공감은 교육과 학습, 훈련이 필요하며 의도적으로 노력해야만 느낄 수 있는 감정이다. 단순히 타인의 감정을 공유하는 것이 정서적 공감이라면, 타인이 처한 상황과 관점의 이해·해석이 동반되는 것이 인지적 공감이다. 따라서 인간관계나 조직생활에서 DE&I 역량 발휘를 위해 더 중요한 것은 인지적 공감이다. 최고경영자의 92%가 자신이 공감적인 리더라고 판단한 이유는 정서적 공감에 높은 비중을 두었고, 직원들은 인지적 공감에 비중을 두어 판단했기 때문이다.

버거킹, 맥도날드, TGI 프라이데이 같은 식당 프랜차이즈는 모두 동일한 전략, 동일한 메뉴, 동일한 가격 정책을 채택하고 있다. 그러나 각각의 식당마다 매출액은 큰 차이가 난다. 식당별 성과의 차이를 설명할 수 있는 것 역시 인지적 공감이다. 각 매장의 지점장이 모든 직원을 포용력과 소속감을 갖고 귀한 대접을 받는다고 느끼는 환경을 조성할 때 직원은 자기 일에 최선을 다한다. 즉, 사람들이 자기 일에 얼마나 최선을 다하느냐 하는 것은 회사가 직원을 얼마나 존중하고 인지적으로 공감하는지와 직접적인 관련이 있다는 것이다. 이것은 적연하게도 친구나 애인들끼리 서로를 위로해주는 것과 같다.

세계 5대 장수 지역을 '블루존Blue Zones'이라고 한다. 이탈리아의

사르데냐, 일본의 오키나와, 코스타리카의 니코야, 그리스 이카리아, 미국 캘리포니아 로마 린다가 이에 해당한다. 이 지역에 사는 사람들이 더 오래 더 나은 삶을 사는 이유는 식단과 수면, 운동도 영향이 있지만 주변 사람들과의 인지적 공감력이 뛰어나기 때문이다. 블루존의 100세 이상 노인들은 공동체에 기반한 사회적 교류 프로그램이 기대 수명을 4~14년 연장하는 것으로 나타났다.

그럼, 우리 인간은 과연 인지적 공감을 제대로 발휘하고 있을까? 코로나19 팬데믹 당시 24,000여 명의 대한민국 국민이 '덕분에 챌린지' 캠페인을 통해 공감하면서 왜 의료진의 가난에 대해서는 침묵했을까? 덴마크 오르후스대학교의 레네 아로는 말한다.

"바이러스가 창궐하는 상황에서 행동 면역 체계는 '미안함보다는 안전함이 낫다'라는 논리하에 작동한다."

현재의 위협과 상관없는 주제를 듣고 나서 도덕적 의사결정이나 정치적 의견을 바꾸는 식이다. 타인의 삶을 개선하기 위해 애쓰는 것보다는 공감이 주는 고통을 없애는 편이 더 쉬운 법이다. 이것은 귀를 막고 눈길을 돌리며 의도적으로 인지적 공감을 외면하는 것이다. 인지적 공감은 반드시 실천을 전제로 확장되어야 한다.

인지적 공감이 실천으로 확장되면 높은 수준의 동료애가 발휘된다. 독일 헤센주에 사는 안드레아스 그라프는 회사에서 성실한 동료이자 가정에서는 다정한 남편이자 아빠였다. 그런 그에게 연이어 불행이 닥친다. 겨우 세 살인 아들 줄리우스가 백혈병 진단을 받자마자 아내마저 심장병으로 갑자기 사망하게 된 것이다. 이제 아픈 아들을 돌볼 수 있는 사람은 오직 안드레아스뿐이었다. 아버지는 아들의 치료를 위해 계속 병원에 가야 하지만 치료비를 위해서는 직장생활을 병행해야 했다. 그런데 아들을 돌보면서 사용한 연차휴가가 금세 바닥나고 말았다. 결국, 아들 간호에 전념하고자 직장 포기를 결심한 안드레아스에게 직장 동료들이 따뜻한 손길을 내밀었다. 안드레아스가 근무하던 회사와 자회사 등의 650여 명의 직원이 그를 대신해서 기꺼이 근무시간 기부에 나선 것이다. 야간교대 근무를 하는 동료, 수십 킬로미터를 출퇴근하는 동료, 인턴과 임원 등 지위 고하를 막론하고 심지어 그를 한 번도 본 적 없는 동료까지 기꺼이 근무시간 기부에 동참했다. 동료들이 기부한 총 근무시간은 3,264.5시간. 하루 8시간 근무를 한다면, 단순히 계산해도 무려 400일 이상의 근무시간을 동료들이 함께 채워준 것이다. 그 덕분에 안드레아스는 동료들의 도움으로 1년 이상의 유급휴가를 받았고 아들의 간호를 성심성의껏 할 수 있었다. 직원들에게 왜 근무시간을 기부했는지 물었다.

"안드레아스는 우리 동료이자 가족이에요."

"우리는 함께 이 회사를 만들어가고 있는걸요."

동료들이 보여준 헌신은 이 부자가 병마와 싸워가는 데 충분한 힘이 되었다. 안드레아스는 이제 동료라는 또 다른 가족 안에서 다양성과 포용성이 높은 사회로의 발전을 꿈꾸고 있다.

갤럽의 조사에 의하면 동료애가 두터운 직장에서 근무한 사람들은 업무에 몰입할 가능성이 두 배 더 크고, 고객과 소통에 참여를 더 잘하고, 더 높은 품질을 생산하고, 더 높은 행복감을 누리고, 직장에서 상처 입을 가능성이 작다.[08]

천재성을 높이고 DE&I 역량을 함양하기 위해서는 정규 과정에 다양성, 형평성, 포용성 교육을 필수과목으로 편성하고, 시험도 치르게 하고, 대학 입시에도 반영해야 한다. DE&I가 높을수록 인지적 공감력을 실천으로 확장할 수 있고 높은 수준의 동료애를 발휘한다.

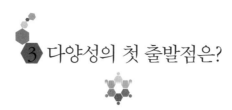

3 다양성의 첫 출발점은?

당신은 금융업계에 종사하는 대표이사다. 그런데 회사의 경영상 문제가 발생했다. 이런 경우 당신은 어떻게 대처하겠는가? 금융업계에 종사하는 대표인 당신은 이런 식의 문제를 여러 번 경험했기 때문에 쉽게 해결할 수 있을 거라고 생각한다. 금융과 재무에 강점인 당신은 자신의 경험을 살려 금융과 재무적 관점에서 문제를 해결한다. 그리고 자신의 문제해결 능력을 보고 다른 사람들이 인정해줄 거라 은근히 기대한다.

그런데 막상 뚜껑을 열어보니 다른 사람들은 당신이 생각지도 못한 다양한 방법으로 줄줄이 제안하는 것이다. 제품 기획자는 혁신적인 상품안을 내놓고, 마케팅 전문가는 다수의 고객을 끌어들일 수 있는 마케팅 전략을 제시한다. 경영 컨설턴트는 총체적인 시각으로 문제를 해석하고 대안을 수립한다. 당신은 하나의 문제를 다양한 시각으로 문제를 바라볼 수 있다는 것이 놀랍다.

이는 프랑스 인시아드의 수업 방식 중 하나인 케이스 스터디다. 다양한 사람의 생각과 사고로 문제를 해결해가야 한다는 것을 깨닫게 하는 게 이 수업의 목적이다. 학교나 조직도 마찬가지다. 우리는 문제를 해결하거나 작업을 완료하는 데 한 가지 방법만 있는 것이 아님을 깨달아야 한다. 일방적으로 지식을 배우고 지시하는 것이 아니라 다양한 생각을 키우고 토론을 통해 전체적인 관점으로 문제를 해결해가야 한다.

다양성의 핵심은?

'다양성'이라는 단어는 종종 남녀 성별, 다양한 인종과 다양한 세대로 구성된 직장 이미지를 연상시킨다. 하지만 이것은 다양성의 물리적 구성 요소를 확실하게 설명하지만, 조직 내 다양성에 포함되는 것의 일부분일 뿐이다. 즉, 인적·물리적 측면은 다양성의 절반 정도만을 차지한다. 나머지는 생각과 사고의 다양성에 있다.

2017년 백인 남성 위주 직장이라는 비판을 받아온 애플은 데니스 영 스미스Denise Young Smith라는 흑인 여성을 다양성·포용성 담당 부사장으로 임명했다. 1997년에 입사한 그녀는 애플의 소매 비즈니스 분야에서 오랫동안 일했고, 인적자원 분야에서 20년 동안 일한 인사 전문가다. 그런데 그녀는 다양성·포용성을 대표하는 임원으로서의 기대와는 달리 "12명의 백인, 파란 눈, 금발의 남자들은 다양할 수 있다"라는 백인 남성 우월에 대한 발언으로 많은 사람에게 논란과 비판을 받아왔다. 그녀가 말한 요점은 동일한 수의 남성과 여성으로 다양한 연령대의 12개 민족이 있을 수 있지만, 생각의 다양성을 고려하지 않았으며 다양성을 촉진할 기회를 충분히 극대화하지 못했다는 것이다.

얼마 전 나는 조직문화 컨설팅을 위해 국내 모 중소기업을 방문했다. 차량용 부품을 제조하는 이 기업은 해당 지역에서 평판이 좋았고 CEO의 마인드도 매우 도전적이며 적극적이었다. 하지만 직원들과 워크숍을 진행해본 결과 그것은 거짓된 믿음이었으며 가식의 껍질을 뒤집어쓰고 있었음을 알게 되었다. 교육과 브레인스토밍 형식으로 진행되는 워크숍은 참석자의 90%가 침묵으로 일관했다. 조는 듯한 사람도 있었고, 눈을 내내 감고 있는 사람도 있었다. 나는 처음에 나에게 문제가 있는 줄 알았다. '나의 능력 부족인가?', '나의 전달력 부족인가?', '수준을 너무 낮게 잡았나?' 등 다양한 의문이 들 정도로 공간은 긴장감으로 가득 찼다. 알고 보니 이들의 머리에는 다음과 같은 생각들로 가득 차 있었다.

'아이디어를 제시한다 해도 윗사람의 의도대로 하니 아무런 의미가 없다.'

'만약 내 생각이라는 게 들통나면 나는 어떤 불이익을 받을지 두렵다.'

'실적 압박은 매일 하면서 직원의 성장에 대해서 고민해준 적은 한 번도 없다.'

'입사 15년이 넘었는데, 연차를 한 번도 사용한 적이 없다.'

'다양한 생각은 퇴사를 앞당길 뿐이다.'

이들의 의견을 듣고 이 회사의 정보를 더 찾아보니 퇴사율이 28%가 넘었고 여성 직원의 비율은 단 2%에 불과했다. 워크숍에 참석한 30명 중 여성은 단 한 명뿐이었고, 경영진은 한 명도 없었다. 대표이사는 불참의 이유도 알리지 않은 채 참석하지 않았다. 워크숍이 왜 토요일에 진행되어야 하는지 굳이 설명을 듣지 않아도 이해할 수 있었다. 무엇보다 직원의 생각을 막고 일방적 지시와 획일적 사고가 팽배한 이 조직에서는 성별 및 세대의 다양성을 기대하는 건 사치일 뿐이다.

비슷한 생각과 사고를 지닌 사람과 함께 일하면 쉽고 편한 경우가 많다. 하지만 이런 경우가 잦아지면 어떤 문제에 대해 충분한 토론이나 분석 없이 쉽게 합의하고 그 대안을 합리화하려는 집단사고의 함정에 빠지게 된다. 집단사고가 형성되면 다수의 생각을 비판 없이 받아들이게 되고 민주적 과정이나 개인의 권리는 무시한 채 오직 집단의 목표와 결과만 중시하게 된다. 유대감과 응집력이 높거나, 리더가 자기 확신이 강하거나 폐쇄적인 조직, 전문가에게 지나치게 의존하는 조직일수록 집단사고에 빠질 가능성이 크다. 특히 직장인의 70%가 스트레스를 받는 회의는 집단사고를 전파하는 핵심 도구다. '오죽하면 회의會議가 많으면 회의懷疑에 빠진다'라는 말까지 나왔을까.

한 도시 또는 한 국가에서만 삶을 살아온 사람은 해외에서 살았거나 여러 곳을 여행한 사람과 같은 경험을 하지 못할 것이다. 창의적 사고는 독특한 관점에서 나온다. 안전한 사고는 세상을 바꾸지 못하지만, 다양한 생각과 사고는 세상을 바꿀 수 있다. 우리의 일상을 지배하고 있는 아이팟이나 스마트폰과 같은 발명품의 영향을 생각해보라. 세상에 존재했지만 마치 아이폰 이전의 스마트폰을 모두 지워버리고 새로운 시장을 장악했듯 훌륭한 아이디어는 현 상태에 도전하고, 시도하지 않은 것을 시도하고, 어쩌면 실패할 수도 있지만 엄청난 성공을 거두려는 팀원들의 다양한 생각과 사고에서 비롯되었다.

구성원들의 생각과 사고의 다양성을 확보한다는 것은 모든 비즈니스 결정에 전체적인 접근방식을 의미한다. 전통적인 사고방식을 뛰어넘어 미래가 과거와 어떻게 다를지를 다룬다. 따라서 다양성을 현실적으로 구현하기 위한 핵심은 직원들의 다양한 생각과 사고가 샘솟고, 이것을 실현해줄 근무 환경을 조성해야 한다. 그래야 진정한 혁신과 성장이 가능하다. 모두가 획일적인 생각을 한다면 인적·물리적 다양성을 확보한다는 것이 무슨 소용이 있을까?

다양성이란 구성원의 다양한 개성이 얼마나 발현되고 있는가를 말한다. 많은 기업이 DE&I의 가시적 변화를 얻지 못하는 이유는 외모와 배경이 다른 사람을 고용하는 것에만 집중하기 때문이다. 클락슨대학교 라제시 세티 교수는 팀 구성원의 다양성이 많다고 해서 팀의 창의성이 증가하는 것이 아니라는 사실을 밝혀냈다. 프로젝트 매니저 141명을 여러 팀으로 구성해봤을 때 창의성이 발현되도록 하는 중요한 환경은 생각하는 방식의 다양함을 존중하는 문화였다. 이를 '인지적 다양성Cognitive Diversity'이라고 한다. 다양성이 창의성으로 연결되는 지점은 '인구통계학적 다양성'이 아니라 '인지적 다양성'이라는 것이다.

인지적 다양성을 확보하는 방법

인간의 뇌는 일정한 패턴을 유지하려는 성질 때문에 항상 유사점을 찾으려고 애쓴다. 차이가 발생하면 항상 긍정적인 방식으로 반응하지 않거나 당황스러움을 느끼는 점도 뇌의 항상성homeostasis 때문이다. 하지만 차이점에 대한 사고방식은 얼마든지 바꿀 수 있다. 차이의 가치를 인식하는 것은 다양성을 확보하는 출발점이기도 하다. 실제로 미국 산림청과 팀을 대상으로 한 연구에 따르면 팀의 생각과 사고 스타일에 차이가 있을 때 팀의 효율성이 66% 더 높은 것으로 나타났다.[09] 또한 CTI의 연구에 따르면 조직 내 다양성을 갖춘 기업은 그렇지 않은 기업보다 연간 시장 점유율 성장을 보고할 가능성이 45% 더 크게 나타났다.[10] 이러한 인지적 다양성의 차이는 과정의 차별화뿐만 아니라 결과물에서도 좀 더 창의적인 성과를 냈다.

그렇다면 인지적 다양성을 어떻게 확보해야 할까? 구성원의 강력한 신뢰관계, 독특한 배경 및 다양한 경험을 활용하는 것이다. 항상 모든 문제에 대해 서로 동의할 수는 없지만 강력한 신뢰는 불일치를 극복하는 데 도움이 되며 팀원들의 다양한 생각과 사고를 밝힐 수 있게 해준다. 혁신 전략 기업 메디치 그룹의 창립자이자 베스트셀러《메디치 효과》의 저자인 프란스 요한슨Frans Johansson은 이렇게 역설했다.

"혁신은 아이디어, 개념 및 문화의 교차점에서 발생한다. 서로 다른 배경과 영역을 가진 사람들이 각자의 생각을 공유했을 때 창조적 혁신이 발생할 가능성이 훨씬 커진다."

서로 관련이 없어 보이는 두 가지 사고를 결합하고 이를 교차하는 방법을 찾는 것이 진정한 혁신이 일어나는 곳이다. 스탠퍼드대학교 교육대학원 앤서니 리싱 안토니오Anthony Lising Antonio 교수는 말했다.

"우리와 다른 사람에게서 반대 의견을 들을 때 우리와 비슷한 사람에게서 반대 의견을 들을 때보다 더 많은 생각을 하게 된다."

따라서 구성원의 다양한 생각과 그러한 사고를 활성화하려면 회의 참석자들이 먼저 들을 준비가 돼 있어야 한다. 실제로 유명한 CEO 중에는 뛰어난 경청자가 많다. 제프리 이멜트 전 GE 회장은 회의 도중 해답이 떠오르더라도 끝까지 듣고 회의 참석자들이 스스로 정답을 찾도록 놔뒀다. 제너럴 모터스의 전 CEO인 알프레드 슬론Alfred Sloan은 한 회의에서 그의 팀이 완전히 한마음으로 모인 것에 대해 다음과 같이 말했다.

"신사 여러분, 이번 결정에 대해 우리가 모두 완전히 동의한다고 생각합니다."

모두가 고개를 끄덕였다.

"그러면 이 문제에 대한 추가 논의를 다음 회의 때까지 미루어 의견 차이가 커질 수 있는 시간을 갖고 이번 결정이 무엇에 관한 것인지 어느 정도 이해할 수 있도록 합시다."

아마존의 창립자이자 CEO인 제프 베이조스는 '사회적 결속'을 싫어하고 대신 회의에서 공개적인 불일치를 선호한다. 아마존의 리더십 원칙은 다음과 같다.

'동의할 수 없는 결정에 대해서는 그렇게 하는 것이 불편하거나

힘들더라도 정중하게 이의를 제기할 의무가 있다. 그렇게 하는 것이 불편하거나 지치더라도 마찬가지다.'

유사한 생각과 사고를 지닌 팀 구성원은 자신들의 아이디어가 올바른 방향이라고 믿는 경향이 강하다. 이러한 상황에서는 팀에서 덜 지배적인 구성원이 다수의 행동 스타일에 의지하게 되고 전체 그림을 보지 못하는 확증편향을 낳게 된다. 반대와 토론은 시간을 더 걸릴 수 있게 만들지만, 결과적으로 조직에 더 유리하게 작용한다. 따라서 리더는 팀이 서둘러 행동을 취하기 전에 상황의 모든 측면을 볼 수 있도록 인지적 다양성을 확보하는 노력을 해야 한다.

인지적 다양성 체크리스트는 다음과 같다.

〈공유 및 기회의 균등성〉

- 우리는 모든 기회에 동등한 접근을 제공하는가?
- 우리는 다양한 관점을 적극적으로 모색하고 있는가?
- 우리는 기존의 패러다임에 도전하는가?
- 우리는 새로운 아이디어와 사고방식을 공유하도록 장려하는가?

〈성장감〉

- 사람들이 다양한 작업 그룹에 쉽게 참여할 수 있도록 하는가?
- 우리는 모든 사람이 리더로서 행동할 수 있도록 권한을 부여하는가?
- 우리는 모든 회사의 사람들을 모집, 개발, 발전시키는가?

〈인정감〉

- 경청 후 조치와 조정이 이루어지는가?
- 모든 사람이 기여하고 공유하는 것이 안전하다고 느끼는가?

- 우리는 다른 사람의 가치관을 인정하는가?
- 우리는 다양한 피드백과 교육 방법을 제공하는가?

〈측정 및 평가〉

- 다양성이 우리에게 무엇을 의미하는지 정의되었는가?
- 우리는 다양성이 회사 수익에 미치는 영향을 측정하고 있는가?
- 개선을 향한 진행 상황을 측정하고 있는가?
- 우리는 측정 결과를 분석한 데이터를 모든 사람에게 제공하는가?

미국 통신 기업 버라이즌은 구성원의 인지적 다양성을 대표하는 기업이다. 핵심적 질문을 통해 짧은 시간에 의견을 수렴하는 2분 설문조사 'VZPluse+', 불편함이나 요구사항을 전하는 우편함 'Ask Christy', 다양한 인종이 모국어로 의견을 낼 수 있는 핫라인 'Verizon Ethics', 또한 My Edge 프로그램을 통해 개인 브랜드로 상품 및 서비스를 출시할 수 있으며, Competitive Edge 프로그램은 다른 부서 구성원과 함께 비즈니스 전략 및 기술 개발에 참여할 수 있다. 무엇보다 버라이즌이 생각하는 다양성이란 '우리의 가장 큰 장점은 당신이다Our Greatest Strength is You'로, 모든 구성원이 자기 생각을 자유롭게 표현하며 저마다 개성과 능력을 마음껏 발휘하는 것이라는 인식에 있다.

구성원의 인지적 다양성을 확보해서 결정이 내려진 후에는 그 결정을 지지하는 것 또한 중요하다. 다수의 생각을 반영하고 토론하여 더 나은 결정으로 이어질 수 있지만 일단 결정이 내려지면 그 뒤에 집결하고 성공을 위해 노력해야 한다. 아마존은 2014년 전 세계 최초로 음성 인식으로 구동하는 '에코Echo'라는 이름의 스피커를 출시했다. 에코를 개발하기 시작했을 때 개발 자체를 의심하는 사람과 회의적인 사람도 많았고 의견 또한 분분했다. 다수의 의견을 받아들였지만, 성공은 확신할 수 없었다. 하지만 제품 출시 결정을 내렸을 때 모든 구성원은 성공을 지지했다. 결과적으로 에코는 아마존의 가장 성공적인 제품 중 하나가 되었다.

성공적인 조직은 '창의적인 경쟁'을 실천한다. 조직 내에서 훌륭한 결과를 얻는 것은 단지 모든 사람이 잘 지내거나 빠르게 합의하는 것이 아니다. 실제로 문제가 복잡하거나 혁신을 위해 한계를 뛰어넘어야 할 때 서로 관련이 없어 보이는 두 가지 사고를 결합하고 교차할 때 큰 변화를 불러올 수 있다.

POINT ···
다양성의 핵심은 물리적 다양성이 아닌 구성원들의 생각과 사고를 수용할 수 있는 인지적 다양성을 확보하는 것이다. 인지적 다양성을 확보하기 위해서는 구성원의 강력한 신뢰관계, 독특한 배경 및 다양한 경험을 활용하는 것이다.

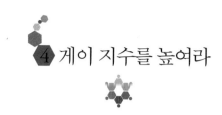

4 게이 지수를 높여라

2020년 4월 30일, 첫 국내 감염 확진자가 0명이 되면서 K-방역이 세계적 모범을 이어가는 듯했다. 그런데 희망은 잠시, 집단감염의 초발 환자로 지목된 용인의 모 확진자가 이태원의 유명 게이클럽을 다녀갔다는 소식이 전해지면서 성 소수자들은 집중 비난의 대상이 되었다. 5월 7일 국내 언론 매체는 '게이클럽', '클럽 방문자 2,000명'을 강조하는 후속 기사들을 앞다투어 쏟아냈다. 이태원 클럽 확진자 첫 보도 이후, 민주언론시민연합이 5월 7일부터 11일 오후 5시까지 네이버 검색으로 확인한 '게이클럽', '게이', '동성애' 등의 키워드가 포함된 기사는 1,174건에 달했다.

코로나19로 말미암아 전 세계 국가에 메가톤급 경제 충격을 가하는 상황을 두고 경제 전문가들은 코로나19 전과 후로 나뉜다고 한다. 하지만 한국은 코로나19 국면을 임의로 이태원 클럽발発 전과 후로 나눌 수 있겠다. 이태원 클럽발 이전에는 국민의 단합된 힘을 발견했지만, 후에는 서로 혐오하고 분열하는 우리의 문제점을 발견했기 때문이다. 물론 이태원 클럽발 재전파가 시작된 후로도 쿠팡 물류센터, 생명보험사 전화 영업점, 교회 소모임 등 여기저기서 전파가 되었으나 여전히 잘 관리하면서 우리의 저력을 드러냈다. 하지만 여기서 차이나 다름을 받아들이지 못하는 우리 사회의 '포용력'에 대해서 생각하게 된다.

2013년 11월 25일 당시 오바마 미국 대통령은 샌프란시스코의 한 센터를 방문해 이민개혁법 통과를 촉구하는 연설을 하고 있었다. 그때 방청석에 앉아 있던 샌프란시스코주립대학교 대학원에 재학 중인 한 청년이 큰 소리로 "당신의 도움이 필요하다"라고 외치며 대통령의 연설을 방해했다. 청년의 주장은 이러했다.

"저는 지난 추수감사절 때부터 가족들이 뿔뿔이 흩어져서 보지 못하고 있습니다. 매일같이 수많은 이민자의 가족이 뿔뿔이 흩어져 살아야 합니다. 부디 불법체류 이민자 국회 추방을 멈추도록 행정명령을 발동해주세요."

청년의 말이 끝나자, 주위 사람들까지 합세해서 "추방을 중단하라"라고 외치기 시작했다. 대통령이 손을 들어 멈추기를 시도했으나 방청객의 목소리는 더 높아졌다. 도를 넘었다고 판단한 경호원이 소란을 제지하기 위해 방청석으로 올라가던 찰나, 오바마 대통령은 손을 들어 "청년들을 내쫓지 말라"고 거듭 만류했다. 오바마 전 대통령은 뒤돌아 청년을 바라보며 "지금 우리가 얘기하는 사안이 바로 그것이며, 저는 이 젊은이들의 열정을 존중한다. 왜냐하면

이 청년들은 진심으로 가족을 걱정하는 마음에서 그런 것이기 때문입니다"라며 청년의 입장을 대변했다. 청년이 원하는 바를 민주적인 질서를 따라 이룰 수 있도록 노력하겠다는 대통령의 열변을 끝까지 지켜본 시민들은 환호와 박수를 보냈다.[11]

의무교육을 마친 우리 대부분은 포용에 대해서 한 번도 배워본 적이 없다. 누구나 상식적으로 이해하고 있다고 생각하는 걸까? '포용包容'의 사전적 의미는 '남을 너그럽게 감싸주거나 받아들인다'는 뜻이다. 그런 힘이 '포용력'이 된다. 여기서 '남'은 '자기가 아닌 다른 존재'를 말하며, 자기와 같거나 비슷해서 받아들이는 것이 아니고 다른 상태, 즉 있는 그대로 받아들이는 것이다.

그럼, 다시 코로나19 이태원 클럽발 이야기로 돌아가보자. 정부는 이태원 클럽발 확진자가 증폭하자 해당 기간 클럽 방문객들에게 코로나19 감염 검사를 받도록 권고했다. 하지만 많은 클럽 이용자가 정부의 권고를 따르지 않은 채 숨었다. 그들은 왜 숨었을까? 그리고 왜 정부는 숨은 이들의 검사를 위해 익명을 약속했고, 홍석천과 하리수까지 나서며 이들의 검사를 독려했을까? 용인에 살며 이태원 클럽을 이용했던 이태원발 첫 코로나 확진자가 갔던 클럽들이 게이클럽이기 때문이다. 게이클럽? 게이클럽이 있다는 사실을 처음 접하는 이도 많을 거다. 클럽은 누구나 갈 수 있는 곳인데 왜 당당하게 검사받지 못하고 숨었을까? 우리 사회에 성 소수자에 대한 차별이 있기 때문이다.

코로나19 사태 국면에서 과도하게 밀집된 실내 장소에 가고, 그곳에서 마스크도 쓰지 않은 채 자신만의 이기적 즐거움을 추구하는 이들을 옹호하고 싶은 마음은 추호도 없다. 내가 말하고 싶은 건 우리 사회의 '포용력'이다. 누구나 게이가 될 수 있고, 그 누구도 동성애자의 자유를 억압할 수 없다고 개인적으로 생각하지만, 동시에 동성애를 다룰 만큼 우리 사회가 성숙했고 그들을 포용할 자세가 되어 있는지는 의문이 든다. 우리 사회가 자기가 아닌 다른 존재를 있는 그대로 받아들일 포용력이 있는 사회였다면, 동성애 합법화 이슈를 떠나서 사회적으로 동성애에 대한 차별적 시선이 없었다면 그들은 숨지 않았을 것이다.

배부른 맹수들은 초식동물이 가까이 지나가도 더 이상 사냥을 하지 않는다. 맹수들이 목숨을 부지하는 것은 사냥을 잘하는 능력 때문만이 아니다. 역설적이게도 배가 부를 때 사냥하지 않고 초식동물의 무리가 살아갈 수 있도록 놔두는 그들만의 포용력이 있기 때문이다. 이 책에서 내가 포용력에 대해 말하고 싶은 건, '코스모폴리타니즘cosmopolitanism' 같은 박애주의 정신 때문이 아니다. 그것이 실용적이고, 우리 사회를 더 발전시킬 수 있기 때문이다.

게이와 테크놀로지

포용의 실용성에 대한 대표적인 학자가 있다. 현재 캐나다 토론토대학교 로트만경영대학원에 재직 중인 리처드 플로리다Richard Florida 교수다. 그는 《창조 계급의 부상The Rise of the Creative Class》, 《도시와 창조 계급Cities and the Creative class》이라는 책에서 '어떤 지역의 번창 혹은 몰락에 영향을 미치는 주된 요소는 무엇인가'라는 물음에 대해 '3T이론'을 제시했다. 이 이론은 기대 이상의 성공을 끌어냈지만, 수많은 논쟁을 양산하기도 했다.

그럼 자세히 살펴보자. 미국의 주요 도시와 창조성에 대해 연구하던 어느 날, 리처드 교수는 이상한 점을 발견했다. 미국에서 가정 친화적인 또는 자녀 친화적인 유명 도시들 가운데 다수는 게이와 예술가들의 주거지로도 높은 점수를 받은 곳이라는 사실이 밝혀졌다. 미국의 자녀 친화적인 상위 도시는 오리건주의 포틀랜드, 워싱턴주의 시애틀, 뉴욕시와 샌프란시스코, 미니애폴리스가 대표적이며, 모두 게이 지수가 평균을 훨씬 넘었다.[12]

무엇보다 흥미로운 점은 미국에서 첨단 산업이 발달한 도시의 순위와 게이 지수가 높은 도시의 순위가 거의 같은 것으로 나타났다. 게이 지수Gay Index란 도시마다 동성애자의 거주 비율을 의미한다. 즉, 게이 지수의 비율이 높을수록 첨단 산업이 더 발달했다는 것이다. 말하자면 게이는 창조경제의 단서라고 할 수 있는데, 다양하고 진보적인 환경이라는 신호를 보내기 때문이라고 해석할 수 있다.

미국의 싱크 탱크인 밀켄 연구소Milken Institute가 제시한 그래프에서 보듯, 게이 집중도가 하이테크 산업의 성장에 결정 요인이라는 사실을 확신시킨다. 이러한 결과는 다양성을 촉진하고 진입장벽을 낮추는 것이 인적자본을 유인하고 기술에 기반을 둔 성장을 추동한다는 관점을 뒷받침한다.

이 결과를 토대로 리처드 교수는 도시가 포용력tolerance, 3T이 높을수록 재능talent, 2T 있는 사람이 모여들고 그 결과, 기술technology, 1T이 발달한다는 3T이론을 창안하게 되었다. 그 대표적인 지역이 실

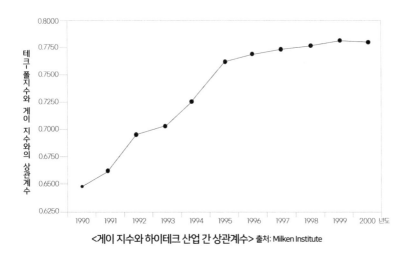

<게이 지수와 하이테크 산업 간 상관계수> 출처: Milken Institute

리콘밸리가 있는 샌프란시스코다. 첨단 산업, 특히 IT 산업과 벤처 기업의 메카로 불리는 실리콘밸리는 성공한 기업이 집적하는 하나의 대명사가 되었다. 2015년 미국 인구조사국 추산에 따르면 샌프란시스코 광역권 12개 카운티의 인구는 871만여 명으로 서울·인천·경기의 3분의 1에 불과하지만, 지역내총생산RGDP은 8,100억 달러로, 한국 수도권보다 30% 이상 높다. 샌프란시스코 광역권의 1인당 RGDP는 한국 수도권의 3.7배에 이른다. 국가로 따지면 세계 18위에 해당하는 규모다.[13] 실제 실리콘밸리에서 마주치는 사람의 10명 중 8명이 아시아인이다. 백인이 소수인 지역이 바로 실리콘밸리다. 그곳은 애플의 스티브 잡스와 폴란드계 미국인 스티브 워즈니악과 같은 초기의 히피 창업자들을 받아들였을 뿐만 아니라 성 소수자들도 차별받지 않고 살아갈 정도의 도시라는 인식이 확산되면서 재능 있는 사람들이 전 세계에서 몰려들었다. 현재 애플의 CEO

인 팀 쿡Tim Cook은 동성애자로 알려져 있다. 그곳에 사는 동성애자들은 자신이 동성애자인 것을 자랑스럽게 여기며 신이 준 선물이라고 생각한다.

미국의 고객관계관리 솔루션 기업인 세일즈포스Salesforce의 창업자이자 최고경영자인 마크 베니오프Marc Benioff는 회사의 수익에 악영향이 미칠 수 있음에도 성 소수자들을 돕기 위한 조치를 했다. 그는 회사의 존재 이유와 자신의 역할을 정립하는 데 분수령이 되었다며 다음과 같이 덧붙여 강조했다.

"기업이 다양한 인력의 가치를 수용하지 않으면서 최고의 인재를 유치하는 시대는 지나갔다. 다양성과 포용성을 받아들이지 않는한, 미래에는 그 어떤 기업도 성공할 수 없을 것이다."[14]

그의 포용적 리더십 발휘 결과 세일즈포스는 기록적인 매출을 달성했다.

리처드 교수의 연구 결과와 애플, 세일즈포스의 사례에서 보듯개방적이며 낮은 진입장벽을 가진 장소들은 광범위한 배경을 가진사람들을 유인하는 능력을 가지고 있기에 창조적 우위를 획득하게된다. 다른 모든 것이 동일하다면, 더 개방적이고 다양한 장소가 더재능 있고 창조적인 사람, 즉 조직의 혁신과 성장을 추구하는 사람을 더 많이 유인할 가능성이 크다.

이방인 성공 시대

포용력은 동성애자를 비롯한 자기가 아닌 다른 존재를 있는 그대로 받아들임으로써 생존과 번영을 꾀할 수 있는 능력이다. 역사적으로도 포용력을 발휘하냐, 못 하냐에 따라 국가의 흥망이 결정되는 경우도 많다. 그 대표적인 사례가 로마제국이다.

로마제국은 원래 조그마한 도시국가에서 출발했다. 로마제국의 역사는 BC 8세기 무렵부터 시작되는데, 그리스에서 지중해를 건너 이주해 간 한 집단이 테베레강 근처에 정착하면서 로마의 역사가 시작된다. 설화에 의하면 테베레강에 로물루스와 레무스라는 두 아이가 버려졌는데, 이들은 늑대의 젖을 먹고 자란다. 두 형제는 테베레강에서 도시국가를 건설한 후 다툼이 벌어져 로물루스가 레무스를 죽이고 약 3,000명의 주민으로 자신의 이름을 딴 로마Roma라는 작은 도시국가를 건설한다.

이렇게 출발한 로마는 맨 처음 인근의 사비니족과 갈등을 겪으면서 전투를 네 차례 하게 되는데, 모두 승리로 이끈다. 그런데 아이러니한 일은 적국인 사비니족을 강제로 통제하거나 합병하지 않고 사비니족의 왕과 로물루스가 공동으로 왕이 되었으며, 사비니족 시민에게는 로마인과 똑같은 시민권을 주었다. 전쟁에 패한 사비니족 입장에서는 전혀 예측할 수 없었던 처우를 받은 것이다.

우리가 사극이나 무협지를 보면 싸움에 패한 장수를 어떻게 하는가? 목을 날리거나 옥살이를 시키는 것을 상식으로 알고 있는데, 로마인은 싸움에 패한 장수를 처벌하지 않았다. 패전 뒤에 맛보는 수치심만으로 충분히 벌을 받았다고 생각했으며, 명예를 최고의 덕목으로 여기는 로마인에게 그것은 가장 무거운 형벌이었다. 그것은 복수심을 불태워 설욕전을 치르라는 뜻이 아니라 패전의 원인을 냉철하게 분석하고 준비해서 다시 승리할 기회를 준 것이다. 이런 논리가 실패했지만, 포용해주는 정신이 로마인을 더욱 강하게 만드는 최고의 비결이었다.

아직 놀라긴 이르다. 로마 역사상 가장 넓은 영토와 안정된 정치, 경제적인 번영을 이룬 시기를 가리켜 '5현제五賢帝 시대'라고 한다. 5현제 시대는 로마 제정이 가장 찬란히 빛났던 100여 년간을 의미한다. 이 시대에는 황제 자리를 세습하지 않고, 원로원 의원 중에서 가장 유능한 인물을 황제로 지명했기 때문에 훌륭한 황제가 속출했다. 네르바 황제의 즉위로부터 마르쿠스 아우렐리우스 황제의 사망 때까지가 해당한다. 그 5명의 황제는 네르바Nerva(재위 96~98년), 트라야누스Trajanus(재위 98~117년), 하드리아누스Hadrianus(재위 117~138년), 안토니누스 피우스Antoninus Pius(재위 138~161년), 마르쿠스 아우렐리우스Marcus Aurelius(재위 161~180년)이다.

놀라운 사실은 이 5명 중 3명은 로마에 뿌리를 두지 않은 이방인이었다는 것이다. 트라야누스와 하드리아누스는 지금의 스페인 출신이고, 안토니누스 피우스는 지금의 프랑스 갈리아 출신의 골족이었다.[15] 마르쿠스 아우렐리우스의 아버지는 에스파냐 남쪽 끝에 있는 자치지방인 안달루시아 출신이었다.

이들은 비록 귀족이긴 했지만 로마에 아무런 연고도 없이 오로지 능력만으로 최고의 지도자 계층에 오른 후 마침내 황제까지 되었고 역사상 가장 훌륭한 황제로 추앙받았다. 현대에도 하기 어려운 일을 외지인에게 황제 자리까지 내줄 수 있었던 것은 동서고금의 역사를 통틀어 쉽게 찾아보기 힘든 일이다. 이를 두고 18세기 영국의 역사가인 애드워드 기번Edward Gibbon은 "5현제 시대는 인류사상 가장 행복한 시대다"라고 극찬하기도 했다.

반면 포용력을 등한시한 그리스는 서양문명의 발상지이며 민주정치의 꽃을 피웠지만 제국을 이루지 못했다. 그들에게 도시민은 피를 나눈 사람이어야 했다. 아테네에서는 부모가 모두 아테네 사람이어야만 시민권을 주었다. 당대 그리스의 철학자인 아리스토텔레스Aristoteles는 아테네 학문 전반에 조예가 깊은 박식한 학자로서 과학 제 부문의 기초를 쌓고 논리학을 창건하고도 마케도니아 출신이라는 이유로 시민권을 얻지 못했다. 그토록 화려한 문명을 자랑한 아테네도, 강한 군사력을 보유했던 스파르타도 그리스 전체를 통일하지는 못했다. 700년이 넘도록 이베리아반도를 차지하고 있던 스페인이 이슬람 세력을 완전히 몰아내어 이베리아반도를 통일하고, 콜럼버스에 의해 신대륙을 발견하고도 쇠망의 길로 접어들게 된 배경 역시 포용하지 않고 가톨릭에 대한 순혈령純血領만 고집하며 배타성을 버리지 않았기 때문이다.

호모 노마드

인간은 우월한 집단을 선호하고, 힘이 있는 그룹이 비교적 약한 그룹을 배척하는 것은 일반적인 현상이다. 하지만 '힘의 논리에 의해 약자를 지배하는 것이 옳다'는 생각이 고착되면 파시즘의 형태를 띤다. 파시즘의 대표적 성질은 '평등'을 부정한다. 특히 한국은 파시즘과 배척주의가 유난히 강한 나라다. 계층 간 갈등이 두드러지고 상하 구별, 우열에 의한 지배, 복종 심리가 강한 신분제 사회다. 많이 겪어봤겠지만 처음 만나는 사람에게 인사 후 바로 "무슨 일을 하십니까?"로 물어보는 것은 상하 구분, 지배-피지배를 구분하기 위한 심리적 장치다. 친구도 생년월일로 위아래를 따지고, 나이는 어린데 직장에 먼저 왔다고 "선배"라고 부르는 일상의 단편적인 모습에서도 평등은 찾아보기 어렵다. 그러니 게이를 평등한 시선으로 봐주길 바라는 건 지나친 욕심일 터다.

우리는 박물관에서 화석 표본 속에 이미 멸종한 동물의 모습을 본 적이 있다. 그들은 천적들을 능가하기 위해 계속 덩치를 키웠거나 외피를 딱딱하게 만들었으나 결국 멸종하고 말았다. 전통적인 생존 형태에 의지하여 다른 사람을 배격하는 것은 전쟁 같은 일시적인 상황에서는 좋은 방법이 될 수 있을지는 몰라도 장기적인 발전 전략으로서는 매우 편협한 접근이다. 그런 접근법으로 가장 큰 손해를 입은 나라가 독일이다. 각종 노벨상 수상자를 배출하며 제2차 세계대전 전까지 과학 강국이었던 독일은 제2차 세계대전 후 과학 기술 1위 자리를 미국에 단숨에 빼앗겼다. 나치 정권 12년 동안 독일을 떠난 인재들을 미국은 다 받아주었다. 그렇게 독일을 떠나간 인재 중 알베르트 아인슈타인Albert Einstein도 있었다.

지금과 같은 다양한 환경, 끊임없이 변화되는 4차 산업혁명의 시대에서는 한 가지 특정한 강점만 가지고서는 지속적으로 살아남기 어렵다. 20년 전, 전염병 사태를 예측한 자크 아탈리Jacques Attali 교수는 자신의 저서《호모 노마드, 유목하는 인간L'Homme Nomade》에서 강조했다.

'성을 쌓고 사는 자는 반드시 망할 것이고, 끊임없이 이동하는 자만이 살아남을 것이다.'

즉 지금 가진 것과 내 생각을 고집하지 말고, 계속 움직여 새로운 것을 받아들이고 포용하는 게 생존과 번영의 열쇠라는 것이다.

POINT ···

개방적이며 낮은 진입장벽을 가진 장소들은 광범위한 배경을 가진 사람들을 유인하는 능력을 지니고 있기에 창조적 우위를 획득하게 된다. 더 개방적이고 다양한 장소가 더 재능 있고 창조적인 사람들, 즉 조직의 혁신과 성장을 추구하는 사람을 더 많이 유인할 가능성이 크다.

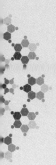

Part 2

DE&I는 어떻게 강화되는가?

저 높은 곳에서 보면 하나일지라도
여기 아래서 보면 두 개다.

_레너드 코언Leonard Cohen, 캐나다의 가수이자 작가

1 네트워크 효과

　우리 삶은 크고 작은 사건이 하나둘씩 모여 구성된다. 이러한 사건들을 예측하는 건 불가능하지만 확실한 사실은 네트워크라는 존재가 예측 불가능성에 상당한 영향을 미친다는 것이다. 1970년 이전의 할머니들은 소수의 사람과 마을에서 또는 부엌에서 인간관계의 지혜를 터득하며 네트워크를 형성해왔다. 하지만 지금처럼 변동성Volatility, 불확실성Uncertainty, 복잡성Complexity, 모호성Ambiguity이 가득한 시대, 즉 VUCA의 시대에는 네트워크가 더욱 중요해졌고 범주 또한 전 세계적으로 넓어졌다.

　여기서 말하는 네트워크란 상호 연결된 사람들의 집단을 말하며, 네트워크 효과Network Effect는 어느 특정 상품에 대한 수요가 다른 사람들에게 영향을 주는 효과를 말한다. 제품이나 서비스는 사용자가 많을수록 그 가치가 증가하고, 가치가 증가할수록 사용자는 늘어나면서 점점 거대한 네트워크를 형성하게 된다. 이렇게 지배적인 네트워크가 형성되면 제품과 서비스는 기업에 강력한 경제적 해자를 만들어준다.

SNS와 인터넷 산업이 발전되면서 네트워크는 더욱 중요해졌다. 사람의 연결이나 정보가 늘어나면 플랫폼에 유입되는 사람도 증가하고 제품이나 서비스의 사용량이 늘어나면서 독점적 형태를 갖출 확률이 높다. 그뿐만 아니라 연결된 사람의 수가 많을수록 매출당 원가 비율은 상대적으로 낮아지고 데이터는 기하급수적으로 쌓이면서 더 많은 사람을 유입할 수 있게 된다.

네트워크의 종류와 특성

이제 네트워크의 종류에 대해 살펴보자. 태초에 인간은 집단생활을 하면서부터 혈통, 부족민, 친구들과 밀접한 관계를 형성해왔다. 평생 만나는 사람이 거의 정해져 있으므로 가장 원초적이고 지속가능한 관계였다. 이것을 '강한 네트워크Strong Network'라고 한다.

강한 네트워크는 의존성이 높으며 심리적 안정감을 주고 행복의 기반이 된다. 하지만 지나치게 강한 네트워크에만 의존하면 고립감을 더 많이 느끼고 정보의 흐름이 차단되어 변화를 따라잡지 못한다. 보통 경제적으로 빈곤한 계층, 덜 교육을 받은 사람일수록 강한 네트워크에 더 많이 의지하게 된다. 경제학에서는 이를 '갈라파고스 경제'라고도 하는데, 폐쇄적이고 고립적인 경제를 나타낼 때 쓴다. 예컨대 조선 말기 때 흥선대원군이 펼친 쇄국 정책은 대표적인 갈라파고스 경제다. 쇄국 정책으로 말미암아 조선은 세계적인 흐름에서 동떨어진 외딴섬이 되었다. 새로운 문물에 대한 습득이 어려웠고 대규모 상업 자본가의 출현과 자본 축적이 불가능해지니, 자연히 국가 경쟁력은 약화될 수밖에 없었다.

인터넷과 SNS 산업이 촉발되어 네트워크의 사회적 중요성이 높아지면서 최근에서는 '약한 네트워크Weak Network'가 대두되었다. 약한 네트워크라고 해서 페이스북이나 인스타그램의 친구 정도로 사회적 영향력이 낮은 관계가 절대 아니다. 여기서 약한 네트워크란 강한 네트워크만큼 아주 친밀한 관계는 아니지만 얼굴과 무슨 일을 하는지 정도는 서로 알고 지내는 관계를 의미한다. 소개받은 친구, 거리가 멀어 자주 왕래가 잦지 않은 이웃, 일상에서 종종 마주치는 지인 등이 해당한다.

흥미로운 사실은 약한 네트워크에 관계된 사람들과 관계 형성에 많은 시간과 노력을 들이지 않아도 유익한 정보를 얻거나 삶의 전환을 가져올 결정적인 기회를 제공받을 수 있다는 점이다. 가령 우연히 마주친 사람이 제공한 정보가 사업의 결정적인 역할을 해주거나 부와 성공에 트리거 역할을 해주기도 한다. 그래서일까. 19세기 영국의 철학자이자 경제학자인 존 스튜어트 밀은 이렇게 강조했다.

"생각과 행동이 자신과는 다른, 익숙하지 않은 사람들을 기꺼이 만나려는 의지, 그 의지의 가치는 아무리 강조해도 지나치지 않다."

대한민국은 현재 지역 소멸 위기 속에 지자체마다 인구 늘리기에 안간힘을 쓰고 있다. 인구 유동이 별로 없는 인구 소멸 지역은 지나치게 많은 강한 네트워크와 지나치게 적은 약한 네트워크라는 문제가 보편적으로 나타난다. 친인척, 이웃 간의 강한 네트워크가 마을 전체를 지배하고, 새로운 사람의 유입이 거의 없는 공간에서는 창의적 아이디어와 신지식이 성장하기 어렵다.

그런데 네트워크는 독특한 특성을 내포한다. 우리는 일반적으로 함께 어울리는 사람이 많으면 많을수록 약한 네트워크의 효과를 입을 확률이 높아지리라 생각한다. 이런 의문을 풀고자 미국의 심리학자인 앤젤라 밴스Angela Bahns와 케이트 피켓Kate Pickett 등은 학생 수가 거의 30,000명에 이르는 캔자스대학교와 학생 수가 평균 1,000명에 불과한 베이커대학교, 베서니칼리지, 베설칼리지 등의 대학을 비교하여 어떤 방식으로 네트워크를 형성하는지 비교했다.[16] 학생 수가 거의 30,000명에 이르는 캔자스대학교 학생들이 다양성을 갖춘 집단 속에 다른 성향을 지닌 사람들과 광범위하게 상호작용할 것으로 예측했으나 기대는 완전히 빗나갔다. 이들은 사고방식과 가치관뿐만 아니라 신념이나 믿음, 정치적 견해 측면에서도 매우 동질적이었다. 캔자스대학교의 학생 수가 많다는 것은 양적 다양성을 갖추고 있지만 그것이 반드시 다양한 사람들과 교류해야 한다는 질적 당위성을 갖는 것은 아니다. 달리 해석하면 다양한 성향을 지닌 사람이 많기도 하지만 매우 비슷한 성향을 지닌 사람 또한 많다는 뜻이기도 하다.

반면 학생 수가 평균 1,000명에 불과한 대학은 전체적인 양적 다양성이 낮다. 하지만 구성원의 스펙트럼이 좁기에 자신의 생각이나 가치관, 출신 배경, 정치적 견해, 외모가 똑같은 사람은 거의 찾아보기 어렵다. 이들은 규모가 큰 대학의 학생들보다 사회적 네트워크를 미세하게 조정할 기회가 훨씬 많다. 아울러 최소한의 다름을 수용하기 위해 적극적으로 협상해야 한다.

약 한 네 트 워 크 의 힘

미국 스탠퍼드대학교 사회학과 교수인 마크 그라노베터Mark Granovetter는 1983년에 저널 〈사회학이론Sociological Theory〉에 '약한 연결의 힘The Strength of Weak Ties: A Network Theory Revisited'이라는 논문을 게재하면서 강한 네트워크보다 약한 네트워크가 훨씬 더 중요하다고 주장해 학계에 엄청난 파장을 일으켰다.

그라노베터 교수의 연구 핵심은 가족, 친한 친구 등 끈끈하고 강력한 관계보다 친하지 않지만, 간헐적으로 접촉하는 사람들에게서 실질적인 도움을 받는 경우가 더 많다는 것이다. 즉, 약한 네트워크는 중복성에서 강점이 있기 때문이다. 예컨대 다른 환경에서 생활하는 사람은 서로 다른 이질적인 정보와 좀 더 참신한 정보를 접할 가능성이 크기에 기회나 의사결정 상황에서 유리한 위치를 선점할 수 있다. 실제로 그라노베터 교수는 이직한 사람들이 어떤 경로로 새로운 직장을 알게 되었는지 실증연구를 했는데, 전체 채용 건수 6개 중 겨우 1건만이 가족이나 친구를 통해 일자리가 소개되었다. 나머지 5건은 알고는 지냈지만, 잦은 교류가 없던 지인들로부터 성사된 것들이었다. 또한 그라노베터는 모든 채용 건수 중 1/4 이상이 거의 알지 못하는 사람의 소개로 이루어졌다고 밝혔다.[17] 관계의 밀도가 낮을수록 정보의 밀도는 높아진다는 사실을 역설한 것이다.

그뿐만 아니라 약한 네트워크는 연결의 확장성 면에서도 강점을 보인다. 뉴욕의 아동 치료병원에 종사하는 약 200명을 대상으로 사적으로 강한 네트워크가 형성되는 것을 의도적으로 제한함으로써 약한 네트워크로 형성된 관계가 우세해졌고 그 결과 200명이 서로의 이름을 알고 서로 이름을 부르는 연결망이 형성될 수 있었다.

인터넷과 SNS가 보편화된 오늘날 약한 네트워크는 더욱 쉽게 형성할 수 있다. 그 덕분에 밀레니얼세대, 잘파세대의 문화는 플랫폼에 업로드와 동시에 전 세계적으로 퍼져나가면서 모든 지역에서 비슷한 양상으로 나타난다. 이러한 현상은 인간의 두뇌가 지리적으로 좁은 공간, 제한된 친족의 범위, 자녀와 손자로 한정된 혈연까지만 헌신하도록 진화하여 멀리 떨어져 있는 가능성에 대해서 무시하려는 경향[18]을 과감히 변화시켜, 단일·소수민족, 페미니스트와 동성애자 등 다양한 문화권에서도 동일하게 드러나게 만들었다.

반면 강한 네트워크에 의존하면 폐쇄적이고 비밀스런 조직으로 변모하여 새로운 기술이나 사고를 얻기 위해 노력하기보다는 내부 역량에 의존해 조직에서는 좀처럼 혁신이 일어나지 않는다. 이러한 기업은 과거의 성공에 강한 자신감을 가지며 미래도 충분히 대처 가능하다는 자만에 빠져 있는 경우가 많다.

그렇다면 강한 네트워크는 중요하지 않다는 걸까? 물론 아니다. 강한 네트워크와 약한 네트워크는 경쟁의 관계가 아니다. 즉, 풍요롭고 만족스런 삶과 비즈니스를 위해서는 두 가지 유형의 연결이 모두 필요하다. 쓰리콤3Com의 창업자인 밥 메트칼프Bob Metcalfe는 네트워크의 규모가 커짐에 따라 그 비용의 증가 규모는 점차 줄어들지만, 네트워크의 가치는 기하급수적으로 증가한다는 법칙을 제시한 바 있다. 가령 스마트폰은 뛰어난 기술력의 결정체이지만 스마트폰이 위력을 발휘하기 위해서는 인터넷과 연결되어야 하고 많은 사람이 스마트폰을 사용해야 한다. 각종 SNS와 플랫폼, 이메일도 마찬가지다. 약한 네트워크가 기회를 '발견'하는 데 도움 되었다면 강한 네트워크는 기회를 '실현'하는 데 도움 된다. 즉 약한 네트워크는 '창조'에, 강한 네트워크는 '실현'하고 성과를 극대화하는 데 방점을 둔다.

분명한 점은 약한 네트워크가 비즈니스 혁신에 훨씬 더 많은 도움을 준다는 사실이다. 찰스 로버트 다윈Charles Robert Darwin이나 아인슈타인이 가치의 발견으로 엄청난 이익을 실현하지는 못했지만, 가치를 창조함으로써 위대한 업적을 남겼다.

그라노베터 교수의 이론을 더 정교화한 시카고대학교 사회학자 로널드 버트 교수는 '구조적 공백Structural Holes'이라는 개념을 만들어 약한 네트워크의 강점을 적극적으로 제시했다. '구조적 공백'이란 사회적 네트워크상에서 직접 연결되지 않은 이질적인 집단을 서로 연결하는 사람이나 위치를 말한다. 버트 교수는 금융기관과 제약 회사 구성원을 대상으로 누가 승진과 보너스, 인사 평가를 좋게 받는지를 조사했다. 그 결과 다양한 관계를 맺는 사람들이 승진도 빠르고 높은 보너스에 평가도 좋았다. 반면, 자기가 속한 조직이나 부서에만 충성하고 다른 팀과 연결되지 않은 사람은 성과가 좋지 않았다.

강한 네트워크에 비해 약한 네트워크에 지배적인 지위를 누린다는 것은 DE&I가 확보된 조직과 지역이라는 의미를 내포하므로 혁신은 좀 더 활발하게 일어난다. 실제로 문화, 예술 분야의 혁신을 주도한 20세기 초 파리와 20세기 후반 뉴욕이 모두 여기에 해당한다. 이 시기를 '멜팅팟Melting Pot'이라고 하는데, 서로 다른 것들도 용광로에 들어가면 모두 녹아 하나가 되는 것처럼 여러 인종·민족·문화가 뒤섞여 하나로 동화되는 일, 또는 그렇게 동화된 사회를 은유적으로 표현하는 용어이다. 멜팅팟의 정의에서도 알 수 있듯이 서로 다른 문화적 환경, 인종, 국적, 분야, 전문지식을 가진 사람들이 아무런 제약 없이 서로 뒤섞이며 벽이 없는 환경을 만들면 새롭고 혁신적인 문화를 꽃피울 수 있다. 몇몇 거대 기업으로 강한 네트워크를 형성한 루트 128은 몰락했지만, 수많은 작은 기업이 약한 네트워크를 기반으로 활동한 실리콘밸리는 지금도 약한 네트워크의 위력을 가장 효과적으로 드러낸 사례로 손꼽힌다.

약한 네트워크의 위력은 파블로 피카소를 억만장자로 만들어주었다. 피카소는 젊어서부터 영향력 있는 미술계의 인물들과 어울렸고 각계각층의 사람들과 폭넓은 유대관계를 형성했다. 20세기 프랑스 시인인 막스 자코브Max Jacob, 기욤 아폴리네르Guillaume Apollinaire, 앙드레 살몽André Salmon, 폴 엘뤼아르Paul Eluard, 앙드레 브르통Andre Breton, 작가이자 영화감독인 장 콕도Jean Cocteau, 초현실주의 화가 겸 비평가인 루이 아라공Louis Aragon, 작가 앙드레 말로Andre Malraux, 음악가인 에릭 사티Eric Satie, 이고르 스트라빈스키Igor Stravinsky, 하이메 사바르테스Jaume Sabartes, 화가이자 경쟁자인 앙리 마티스Henri Matisse를 비롯한 후안 그리스Juan Gris, 아메데오 모딜리아니Amedeo Modigliani,

앙드레 드랭André Derain, 루소Rousseau, 페르낭 레제Fernand Léger, 샹 수틴Chaim Soutine 등의 화가와 레오 스타인Leo Stein, 거트루드 스타인 Gertrude Stein, 앙브루아즈 볼라르Ambroise Vollard, 다니엘 헨리 칸바일러 Daniel-Henry Kahnweiler, 빌헬름 우데Wilhelm Uhde 등의 수집가 등 그의 네트워크는 한 권의 책으로도 부족할 정도다. 피카소는 매우 사교적이었고 관계 지향적이었기에 세상이 그의 손바닥 위에 있을 정도였다.[19] 생전에 폐쇄적인 고흐와 달리 피카소가 억만장자가 될 수 있었던 것은 일상적 삶 속에서 사람들과 폭넓은 네트워크를 유지하고 그들과 소통하며 작품에 대해 지속적인 세일즈를 했기 때문이다.

성공한 기업은 규모가 증가하면서 조직 내 부작용이 나타난다. 조직은 비대해지고 기업문화는 오만해지며 비즈니스는 범용화되어간다. 분업화와 조직 체계가 엄격하게 자리 잡으면서 핵심고객과 내부 직원들은 강한 네트워크의 지배적인 지위를 차지한다. 결국 비즈니스는 처음 시작할 때의 창업정신은 사라지고 매뉴얼화된 인력과 기계만 남는다.

혁신과 성장에 관한 세계 최고의 전문가인 클레이튼 크리스텐슨 Clayton M. Christensen은 강한 네트워크에 머물다 몰락하는 기업들의 근본 이유를 다음과 같이 밝힌다.

'간단하게 말해서 최고의 기업들이 성공한 이유는 고객의 요구에 적절하게 대응하고 기술, 제품, 또는 앞으로 등장할 고객의 욕구를 충족할 수 있는 생산 기술에 공격적으로 투자를 감행했기 때문이다. 그러나 아이러니하게도 이들은 똑같은 이유로 실패의 나락으로 떨어졌다. 다시 말해 고객의 요구에 적절하게 대응하고 기술, 제품, 또는 앞으로 등장할 고객의 욕구를 충족할 수 있는 생산 기술에 공격적으로 투자를 감행했기 때문에 실패하는 것이다.'[20]

처음에는 기업을 성장하게 만들어준 약한 네트워크가 성공의 열매를 맺게 해주었고 그 연매가 강한 네트워크로 작용하여 반복적인 혁신을 도모했음에도 실패의 원인이 되고 만다.

POINT --

인터넷과 SNS 산업이 촉발되어 네트워크의 사회적 중요성이 높아지면서 강한 네트워크에서 약한 네트워크가 대두되었다. 약한 네트워크가 기회를 발견하는 데 도움 된다면, 강한 네트워크는 기회를 실현하는 데 도움 된다. 즉 약한 네트워크는 창조에, 강한 네트워크는 실현하고 성과를 극대화하는 데 방점을 둔다.

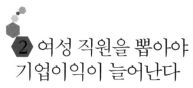

2 여성 직원을 뽑아야 기업이익이 늘어난다

　뉴욕의 헤지펀드 투자 회사의 애널리스트인 에밀리와 루크는 최근 약혼한 로맨스 커플이다. 하지만 치열한 경쟁이 벌어지는 회사에서 사내 연애를 직접적으로 드러낼 순 없다. 사규 때문이기도 하지만 오로지 능력으로만 평가받고 위로 올라갈 수 있는 이곳에서 승진에 좋은 이미지를 줄 수 없기 때문이다.

　어느 날 프로젝트를 책임지고 있는 매니저 퀸이 실적 저조로 해고당한다. 그 자리가 공석인 가운데 누가 후임자가 될 것인가 사무실이 어수선하다. 에밀리는 루크가 그 자리를 대신할 것이라는 직원의 얘기를 듣고 매우 기뻐하며 미리 축하해준다. 이들은 환호 속에 파티를 열고 잠들었는데, 새벽 2시에 직장 상사가 에밀리에게 당장 나오라고 전화한다. 루크는 나가지 말라고 만류했지만, 회사가 원하면 언제든 달려 나가야 하는 헤지펀드의 조직문화 특성상 무시할 순 없다. 약속 장소에 도착한 에밀리는 회사 대표 캠벨을 만난다. 캠벨은 최근 중요한 투자 결정의 절반이 에밀리의 판단으로 이루어졌다면서 투자책임자로 승진했음을 알린다. 순간 에밀리의 얼굴에는 기쁨과 불안감이 공존한다.

문제는 약혼자 루크와의 관계다. 루크는 겉으로는 승진을 축하한다고 하면서도 자신이 승진되지 못했다는 상실감을 느끼며 에밀리에 대한 분노와 의심에서 벗어나지 못한다. 상하관계가 되어버린 연인 사이에는 끝없는 긴장감이 흐른다. 열등감과 자격지심에 휩싸인 루크는 자기 능력을 돌아보기보다 에밀리가 대표에게 몸을 팔아서 출세했다고 막말을 퍼붓고, 여성이라서 더 승진의 가산점이 높았다고 비하한다. 과연 이들의 사랑은 로맨스로 끝날 수 있을까?

이 이야기는 2023년 선댄스 영화제 화제작 〈페어 플레이Fair Play〉의 주요 내용이다. 〈페어 플레이〉의 무대는 탐욕적인 일자리의 대표 격인 월가의 헤지펀드다. 절대적 진실Radical Truth과 투명성이라는 교리 위에 보상은 화끈하지만, 실패에는 예외가 없다. 백인 전유물인 월가는 대부분의 남성이 고위직이다. 미국 투자 은행의 고위직 중 여성 비중은 채 17%도 되지 않는다. 투자리서치 기업이자 나스닥 증권거래소에 상장된 모닝스타Morningstar Inc에 따르면 미국 펀드 매니저의 여성 비율은 10%를 밑돈다. 월가의 여성 비율은 업계에 뛰어든 15년 전부터 계속 20% 수준이었다. 공인재무분석사CFA 협회 회원의 여성 비율도 19% 수준이다. 더 큰 문제는 보상 수준이다. 씨티그룹은 여성 직원 급여는 남성 직원 대비 29%나 낮다.[21]

여성은 CEO의 자리에 오르는 데 많은 제약이 따른다. 〈포춘〉이 선정한 500대 기업의 CEO 중 여성은 단 5%뿐이다.[22] 직장 내 폭력과 괴롭힘은 연령, 위치, 소득, 사회적 지위에 상관없이 여성에게 영향을 미친다. 차별적인 사회제도와 여성에 대한 폭력으로 세계 경제에 미치는 경제적 비용은 연간 약 12조 달러에 달한다.[23]

탐욕스러운 일자리

하버드대학교의 노동경제학자 클로디아 골딘Claudia Goldin 교수는 여성 노동 시장 결과에 대한 이해를 발전시킨 공로로 2023년에 노벨 경제학상을 수상했다. 그녀는 20세기 들어 여성의 교육 수준이 계속 높아지고, 취업하는 여성이 늘어나는데도 남성과 여성 사이 소득 격차가 좁혀지지 않는 현실에 주목했다. 그 원인이자 노동 시장 내 성별 격차의 핵심 동인으로 '탐욕스러운 일자리Greedy Job'를 제시했다. 탐욕스러운 일자리는 높은 노동 강도와 불규칙한 근무시간을 요구하는 직업으로 높은 보수가 따라온다.[24] 영화 〈페어 플레이〉에 등장하는 월가가 대표적으로 탐욕적인 일자리로 예전부터 '남자아이들의 클럽Boy's Club'이라 인식되었다. 반면 이보다 덜 경쟁적인 '유연한 일자리'는 낮은 보수가 뒤따르는데, 전통적으로 결혼과 육아에 더 많이 공헌해온 여성의 경우 이 같은 탐욕스러운 일자리에 전념하기 어렵고, 유연한 일자리를 선택함으로써 성별 보수 격차라는 결과가 만들어진다는 것이다. 그녀는 이런 탐욕스러운 일자리 문제해결을 위해 탐욕스러운 일자리와 유연한 일자리의 간극을 줄여야 한다고 주장해왔다.

2001년 세계적인 소매업체 월마트 매장에 근무하던 여성 직원 6명이 "여성이라는 이유로 임금, 승진 등에서 차별을 당했다"며 회사를 상대로 샌프란시스코 연방법원에 소송을 제기했다. 이들은 또 소송을 전·현직 여성 직원 약 160만 명을 대표하는 확대 집단소송으로 진행해줄 것을 법원에 요청해 왔다.

당시 월마트는 20대 경쟁사와 비교했을 때 여성 임원의 비율이 20% 미만으로 현저히 적었다. 또한 여성 직원이 남성 직원보다 연공서열의 단계가 많아 관리직으로 승진하는 데 더 긴 시간이 걸렸다. 또한 여성이 남성보다 더 높은 성과를 낳았음에도 남성보다 현저히 낮은 임금을 받았고, 이 임금 격차는 매년 증가했다. 시급을 받는 여성은 남성보다 평균 연간 1,100달러 적게 받았고, 급여를 받는 관리직의 경우 그 차이는 14,500달러에 달했다.

이러한 객관적 근거에도 미국 연방 대법원은 월마트의 여성 직원들이 제기한 '성차별' 집단소송 신청을 기각했다. 2011년 대법원은 소송을 제기한 여성 직원들이 차별받았다고 볼 수 없다면서 집단소송이 진행될 요건을 갖추지 못했다고 판결했다. 비록 기각됐으나 월마트의 이미지는 이미 크게 훼손되었다.

남의 나라 일이라고 치부하기엔 우리와 무관하지 않으며, 더욱 심각한 상황이다. 2023년 세계경제포럼World Economic Forum 글로벌 성격차보고서에 의하면 한국은 전 세계 146개국 중 105위의 낮은 순위를 기록했다. 2022년 대비 6계단이나 떨어지면서 85위 잠비아, 90위 토고 103위 부탄보다 낮은 더 낮은 수준이다. 참고로 2021년 기준 잠비아(632.4억 원)의 국민소득은 한국(2.472조 원)에 비해 39

배나 낮다.

Rank	Country	Score		Score change	Rank change
		0-1		2022	2022
1	Iceland	0.912		+0.004	-
2	Norway	0.879		+0.034	+1
3	Finland	0.863		+0.003	-1
4	New Zealand	0.856		+0.014	-
5	Sweden	0.815		-0.007	-
6	Germany	0.815		+0.014	+4
7	Nicaragua	0.811		+0.001	-
8	Namibia	0.802		-0.005	-
9	Lithuania	0.800		+0.001	+2
10	Belgium	0.796		+0.003	+4
11	Ireland	0.795		-0.010	-2
12	Rwanda	0.794		-0.017	-6
13	Latvia	0.794		+0.023	+13
14	Costa Rica	0.793		-0.003	-2
15	United Kingdom	0.792		+0.012	+7
16	Philippines	0.791		+0.009	+3
17	Albania	0.791		+0.004	+1
18	Spain	0.791		+0.002	-1
19	Moldova, Republic of	0.788		-0.001	-3
20	South Africa	0.787		+0.005	-
21	Switzerland	0.783		-0.012	-8
22	Estonia	0.782		+0.048	+30
23	Denmark	0.780		+0.017	+9
24	Jamaica	0.779		+0.031	+14
25	Mozambique	0.778		+0.025	+9
26	Australia	0.778		+0.040	+17
27	Chile	0.777		+0.041	+20
28	Netherlands	0.777		+0.009	-
29	Slovenia	0.773		+0.029	+10
30	Canada	0.770		-0.002	-5
31	Barbados	0.769		+0.005	-1
32	Portugal	0.765		-0.001	-3
33	Mexico	0.765		+0.001	-2
34	Peru	0.764		+0.015	+3
35	Burundi	0.763		-0.013	-11
36	Argentina	0.762		+0.006	-3
37	Cabo Verde	0.761		+0.024	+8
38	Serbia	0.760		-0.019	-15
39	Liberia	0.760		+0.051	+39
40	France	0.756		-0.035	-25
41	Belarus	0.752		+0.002	-5
42	Colombia	0.751		+0.041	+33

Rank	Country	Score	Score change	Rank change
		0–1	2022	2022
74	Thailand	0.711	+0.002	+5
75	Ethiopia	0.711	+0.001	-1
76	Georgia	0.708	-0.022	-21
77	Kenya	0.708	-0.021	-20
78	Uganda	0.706	-0.017	-17
79	Italy	0.705	-0.015	-16
80	Mongolia	0.704	-0.010	-10
81	Dominican Republic	0.704	+0.001	+3
82	Lesotho	0.702	+0.002	+5
83	Israel	0.701	-0.026	-23
84	Kyrgyzstan	0.700	-	+2
85	Zambia	0.699	-0.025	-23
86	Bosnia and Herzegovina	0.698	-0.012	-13
87	Indonesia	0.697	+0.001	+5
88	Romania	0.697	-0.001	+2
89	Belize	0.696	+0.002	+6
90	Togo	0.696	-0.001	+1
91	Paraguay	0.695	-0.012	-11
92	Cambodia	0.695	+0.005	+6
93	Greece	0.693	+0.005	+7
94	Cameroon	0.693	+0.002	+3
95	Timor-Leste	0.693	-0.037	-39
96	Brunei Darussalam	0.693	+0.013	+8
97	Azerbaijan	0.692	+0.005	+4
98	Mauritius	0.689	+0.011	+7
99	Hungary	0.689	-0.010	-11
100	Ghana	0.688	+0.016	+8
101	Czech Republic	0.685	-0.024	-25
102	Malaysia	0.682	+0.001	+1
103	Bhutan	0.682	+0.045	+23
104	Senegal	0.680	+0.012	+8
105	Korea, Republic of	0.680	-0.010	-6
106	Cyprus	0.678	-0.018	-13
107	China	0.678	-0.004	-5
108	Vanuatu	0.678	+0.008	+3
109	Burkina Faso	0.676	+0.017	+6
110	Malawi	0.676	+0.044	+22
111	Tajikistan	0.672	+0.009	+3
112	Sierra Leone	0.667	-0.005	-3
113	Bahrain	0.666	+0.034	+18
114	Comoros	0.664	+0.033	+20
115	Sri Lanka	0.663	-0.007	-5
116	Nepal	0.659	-0.033	-20
117	Guatemala	0.659	-0.006	-4
118	Angola	0.656	+0.018	+7

The Global Gender Gap Index 2023 rankings

한국은 특히 여성들의 경제활동 참여와 기회 측면에서 낮은 순위를 보였다. 경제활동 참여와 기회를 구성하는 근로소득은 세계 119위로 오히려 작년 대비 하락했다. 한숨을 쉬기는 아직 이르다. 경제협력개발기구OECD가 집계를 시작한 1992년부터 지금까지 성별 임금 격차에서 한국(31.1%)은 부동의 1위다. 2021년 기준 한국 남성이 100만 원 벌 때 여성은 69만 원을 손에 쥔다. OECD 회원국 평균은 11.9%, 미국은 16.9%다.

그렇다면 한국에서 남녀 간 성 격차가 큰 이유가 뭘까? 한국에서는 탐욕스러운 일자리가 더욱 많아서일까? 아니다. 이유는 의외로 단순하다. '그냥'이다. 탐욕스러운 욕망으로 '단지 여성'이라는 이유로 차별하는 것이다. 중소기업에서 평범한 직장생활을 하는 내 친구는 아내가 치과의사다. 술자리에서 "아내가 치과의사여서 경제적으로나 여러 면에서 참 좋겠다"라고 하면 친구는 "그냥"이라고 대답한다. 더 이상 아내의 이야기를 지속하는 것을 꺼리는 눈치다. 내 친구에게도 아내의 능력은 '그냥'이다. 이러한 현상은 오랜 역사에서 비롯된 '돈 버는 남편'과 '집안일하는 아내'라는 전통적 관념에 영향을 받았기 때문이다. 그래서 우리말에 남편을 '바깥양반', 아내를 '집사람'이라고 부른다. 이 명칭에서도 계급이 느껴진다. 바깥사람은 '양반'이고, 집사람은 '그냥 사람'이다.

영화 〈페어 플레이〉에서 보듯 '집사람'이 '바깥양반'보다 돈을 많이 벌면 파경으로 치닫는다. 위스콘신대학교 매디슨의 사회학자 크리스틴 슈워츠와 펜실베이니아대학교 사회학자 필라 고날론스폰스는 1968~1979년과 1990~1999년의 두 구간으로 구분하여 아내의 소득이 가구 소득에서 차지하는 비율에 따라 그다음 해 이혼 위험이 얼마나 커지는가를 조사했다. 1968~1979년대에는 아내의 소득이 남편의 소득보다 높으면(아내의 상대 소득이 50% 이상) 그렇지 않은 경우보다 이혼 위험이 큰 것으로 나타났다.[25] 또 다른 미국 센서스국Census Bureau 조사에 의하면 아내가 남편보다 소득이 더 높은 가정은 남편이 자신의 소득을 과장해서 답변하고, 반대로 아내는 자신의 소득을 축소해서 답변하는 경향을 발견했다. 남녀 사이에 평등한 관계가 없으면 성 격차 해소는 요원하다.

유리천장을 깨라

더 많은 '집사람'이 일할수록 경제는 성장한다. 여성의 경제적 권한 부여는 조직의 생산성을 높이고, 경제적 다각화와 소득 평등을 높이는 것 외에도 다양한 긍정적 결과를 가져온다. 예를 들어, OECD 국가의 여성 고용률을 스웨덴의 고용률과 동일한 수준으로 높이면 GDP가 6조 달러 이상 증가한다. 물론 성장이 저절로 성 격차에 따른 불평등을 감소시키는 것은 아니다. 반대로 성 격차로 말미암은 경제 비용은 GDP의 약 15%에 달한다.[26]

여성의 경제적 평등은 비즈니스에도 긍정적인 영향을 미친다. 기업은 여성의 고용 및 리더십 기회가 늘어나면 큰 이익을 얻을 수 있으며, 이는 조직의 효율성과 성장을 높이는 데 기여한다. 고위 관리직에 3명 이상의 여성이 있는 기업은 조직 성과의 모든 측면에서 더 높은 점수를 받는다.[27] 글로벌 컨설팅사 맥킨지앤드컴퍼니에 따르면 성별이 가장 다양한 기업은 평균 이상의 수익성을 경험할 가능성이 25% 더 크게 나타났다.

여성의 경제적 평등이 재무성과에 영향을 미치면서 글로벌 기업들은 발 빠르게 행보하고 있다. 오랫동안 실리콘밸리의 선도주자인 메타는 남성이 지배하는 기술 산업의 한계를 극복하기 위해 2015년부터 Powerful Women in Tech 그룹을 출범하여 전 세계의 여성들을 모아 패널 토론, 영화 상영 등 여성에 대한 솔직한 대화를 나누는 정기 행사를 개최한다. 아울러 IT 개발 분야에서 여성이 추가적인 전문 개발 기회를 얻을 수 있는 리소스 그룹도 운영하고 있다.

계속 일하기 좋은 직장으로 평가받고 다양성, 포용성, 성장을 중요하게 생각하는 힐튼보다 더 나은 곳은 없다. 전 세계적으로 힐튼은 전 세계 팀원들이 네트워크를 형성하고, 교육을 받고, 영감을 얻을 수 있도록 대규모 Women@Hilton 콘퍼런스를 마련했으며, '모두를 위한 환대Hospitality for All' 프로젝트는 직원 성장과 행복을 보장한다. 힐튼의 여성들은 인적자원그룹과 임원 네트워킹을 비롯해 모든 직급에서 경력 코칭과 유연한 근무 일정을 제공받으며, 모든 사람이 자신의 상황에 상관없이 명확한 진로를 가질 수 있도록 보장받는다.

일본의 3대 메가뱅크 중 하나인 미즈호 은행은 대졸 신규 채용 시 여성 인력 30% 채용을 목표로 하고 있으며, 소수 계층 인력 승진율을 평가 결과에 반영한다. 세계 4대 회계법인인 딜로이트는 여성 인력을 전략적으로 육성하기 위해 '우먼 이니셔티브Womens's Iniviative'라는 여성 리더십 프로그램을 400여 개나 운영한다. 영국 내

2개의 엔진공장에서 연간 200만 개의 엔진을 생산하여 미국을 제외한 전 세계 포드 공장에 공급하고 있는 포드UK는 여성 엔지니어노 패널을 구성하고 이를 설계에 반영하여 여성 고객의 니즈에 맞는 상품 개발로 높은 성과를 가져왔다.[28]

미국에서 남편보다 돈을 더 많이 버는 아내의 비율은 1981년 15.9%에서 2021년 30.6%까지 꾸준히 상승했다. 1968~1979년에는 아내의 소득이 높으면 이혼율이 높았는데, 1990년대 이후 이 경향은 사라졌다. 여성이라는 점에서 남녀의 성 격차를 상징하던 유리천장에 조금씩 금이 가고 있는 것이다. 조직 내 여성 인력의 적극적 활용은 도덕적으로 필수적일 뿐만 아니라 기업은 더 넓은 인재풀, 다양한 관점, 협업 강화, 직원 유지율 향상, 고객에 대한 더 나은 반영, 채용 및 평판 개선, 수익성 향상 등의 혜택을 누릴 수 있다.

POINT --
조직은 여성을 위한 더 포용적이고 평등한 직장을 만드는 데 상당한 진전을 이뤄야 한다. 여성 인력의 적극적 활용은 조직의 생산성을 높이고 재무성과에도 긍정적인 영향을 미친다. 직장에서 여성의 역량을 강화하는 일이 올바른 방향일 뿐 아니라 혁신, 성장, 장기적인 성공을 촉진하기 위해서도 꼭 필요하다.

③ 누구도
편견의 함정에 자유롭지 않다

게일 타카라르가 GRT International의 전무이사로 근무할 때의 이야기다. 당시 기업의 환경은 아프리카계와 히스패닉계의 시장 점유율이 높지 않을 때였다. 그는 원인 분석을 위해 다양한 인종의 사람들을 지점에 파견했다. 지점장들이 소수민족, 유색인종 고객이 오면 매우 긴장해서 격식을 차려 대한다는 것을 알게 되었다. 예를 들면 "미스터 브라운, 어서 오세요!" 하면서 말이다. 특별한 문제가 있어 보이지 않았다. 그런데 백인 고객이 오면 "앨리스, 잘 지냈어요?" 하면서 편하게 대하는 게 아닌가. 그러면 브라운은 제대로 대우받지 못한다고 느낄 수 있다. 다른 고객에게는 친구처럼 편안하게 대하는데 자신에게만 지나치게 격식을 차린다면 왠지 높은 이율을 주지 않을 것 같기 때문이다. 사실 지점장들이 편견을 갖고 있는 것이 아니라 오히려 예의를 갖추기 위해서 그런 건데 오해를 낳게 되었다.

조직의 HR 부서는 이 문제를 파고들면서 편견에 대한 새로운 교육이 필요하다고 결론을 내렸고 지점에서 고객을 대응하는 구체적인 사례들을 분석했다. 그 연구를 기반으로 지점장과 고객 응대 전 직원들을 교육했다. 1년 후 아프리가게와 히스패닉게 두 시장 모두에서 시장 점유율이 33% 증가했는데, 이는 수십억 달러의 수익에 해당한다.

2018년 4월 12일, 펜실베이니아주 필라델피아 시내의 스타벅스 매장에 갑작스럽게 경찰 6명이 출동했다. 스타벅스 매장 직원이 경찰에 신고한 것이다. 흑인 남성 2명은 스타벅스 매장에서 음료를 주문하지 않고 한가롭게 앉아 있었다. 경찰은 곧바로 수갑을 채워 연행했다. 다른 고객들도 "흑인 남성들이 체포될 만한 일을 하지 않았다"라고 주장했지만 받아들여지지 않았다. 이들은 사업 논의를 위해 스타벅스 매장에서 누군가를 기다리고 있었던 것으로 알려졌다. 현장에서 스마트폰으로 촬영된 영상은 트위터에서 300만 뷰 이상 조회 수를 기록했고, 현지 누리꾼들 사이에서 명백한 인종차별이라는 공분이 확산되었다. 결국 체포된 흑인 남성 2명은 무혐의로 즉각 풀려났다.[29] 스타벅스는 암묵적 편향이 부른 사고였다며 사과했다. 이후 스타벅스는 미국 내 직영 매장 8,000여 곳을 일시 휴점하고 17만여 명의 직원에게 인종차별 예방 교육을 시행했다.

영국의 수필가이자 시인인 찰스 램Charles Lamb은 이렇게 고백한다.

"나는 내 활동 분야에 얽매여 벗어나지 못하면서도, 정말이지 사람들에 관해 국가 단위로도 개인 단위로도 차이를 느낀다. (중략) 더 쉬운 말로 표현하자면, 나는 좋아하는 것들과 싫어하는 것들로 가득 찬 편견 덩어리다. 동정심과 무관심과 반감에 철저하게 속박된 존재인 것이다."

세계 어느 지역도, 어느 조직도, 어느 개인도 편견의 함정에서 자유롭지 않다. 각자의 문화에 얽매여 있는 한 우리는 찰스 랩처럼 모두가 편견 덩어리에 불과하다.

무의식 vs. 의식

GRT International과 스타벅스의 사례에서 보듯 최근 들어 무의식적 또는 암묵적 편향에 대한 관심이 높아지고 있다. 무의식적 편향은 우리의 의식 밖에 존재하는 편향, 즉 우리가 반드시 인식하는 것은 아닌 악의나 자각 없이 학습된 가정이나 신념, 태도가 행동으로 나타나는 편향을 의미한다. 2006년 사회과학자인 앤서니 그린월드Anthony Greenwald의 연구 결과[30]에 따르면 인간의 뇌가 초당 약 1,100만 비트의 정보를 처리하는데, 그중 의식적 마음Conscious Mind의 처리 능력은 초당 40~50비트에 그친다. 즉, 인간의 정보처리는 대부분 의식이 아닌 무의식에서 일어난다.

편견과 편향은 부정적이거나 나쁜 감정일 수도 있지만 좋은 감정일 수도 있다. 하지만 대개는 부정적이다. 어떤 학생 집단에 여러 민족 집단에 대한 태도를 기술해보라고 요청한 결과, 우호적인 태도보다 적대적인 태도를 8배나 더 많이 기술했다. 부정적인 평가로 이끌 만한 어떤 암시도 주지 않았는데 말이다.

아이 둘을 둔 30대 중반의 인류학자가 있었다. 인류학자는 일상의 대부분을 원주민 부족과 생활해야 하기에 그들과 함께 기거했다. 하지만 두 아이는 백인 지역사회에 시내야 한다고 고집했다. 아이들이 원주민 부족과 함께 생활하길 원했지만, 그는 단호하게 거절했고 잠시 어울려 노는 것조차 허락하지 않았다. 이런 모습을 본 원주민들은 인류학자가 이중적인 직업관을 보인다는 편견을 드러냈다.

하지만 진실은 달랐다. 당시 원주민 부족 마을에는 결핵이 유행하고 있었고, 이로 말미암아 아이 여러 명이 안타까운 죽음을 맞이했다. 인류학자는 자신의 아이가 다른 외부 사람들과 많은 접촉한 이력이 있었기 때문에 원주민과 접촉하면 더 많은 원주민이 감염될 것을 우려했다. 인류학자의 판단은 팩트에 기반을 두었고 적대감은 없었다. 무엇보다 인류학자는 원주민을 가족처럼 사랑하고 있었다.

이처럼 편견은 우호적이건 비우호적이건 혹은 충분한 근거나 실제 경험에 근거를 두지 않은 채로 상대방에게 적대적 감정을 품게 된다. 문제는 자신이 그런 편견을 품고 있다는 사실조차 모른다는 것이다. 러시아 문호 레프 톨스토이가 15년에 걸쳐 집필한《예술이란 무엇인가》에서 무의식적 편향을 놓고 이렇게 경고했다.

'대개의 사람은 너무나 영민해서 과학, 수학, 철학의 최고 난제들까지 이해하는 사람들마저도, 자신의 결론들이 틀릴 수 있다는 지극히 단순하고 명백한 진실을 좀처럼 깨닫지 못한다.'

단순한 오해와는 달리 편견은 불리한 모든 증거에 적극적으로 저항한다. 그 때문에 기껏 쌓아놓은 DE&I를 훼손할 뿐만 아니라 토론과 교정의 대상조차 될 수 없게 만들어 심각한 사회적 문제를 잉태한다.

참과 거짓, 논리와 비논리의 이원론은 주장한 아리스토텔레스는 양분법 편향의 시대를 열면서 사회적 문제를 잉태한 주역이 되었다. 아리스토텔레스는 곡선, 어둠, 비밀, 유동성과 같은 속성을 여성적인 것으로 규정하고, 직선, 빛, 정직, 선, 안정과 같은 것은 남성적 속성으로 구분했다.[31] 그는, 여성은 남성보다 열등한 존재임을 드러낸 최초의 철학자였다. 오늘날 아리스토텔레스의 양분법 편향은 젠더 차별이라는 강력한 유산을 창조했고, 이 유산이 전 세계적 젠더 분리를 한층 강화했다.

일부 사람은 공손한 편견은 해를 끼치지 않는다고 주장하지만, 불행하게도 최근 들어 그런 편견이 국가나 조직의 발전을 치명적으로 위협하고 있다. 편견을 드러내는 일상적 대화가 상대의 반감을 사게 되고(적대적인 말), 이 편견이 더 심해지면 집단을 혐오하고 피하게 된다(회피). 참지 못한 개인이나 단체는 유해한 차별을 가하고(차별), 나아가 폭력이나 폭행에 준하는 행동으로 이어지게 된다(물리적 공격). 최종은 폭행을 표출하는 단계에 이르러 린치, 포그롬, 인종 학살까지 다다르게 된다(절멸). 히틀러의 적대적인 말은 회피와 집단의 분열을 낳았고, 유대인을 자연스레 공격하도록 했으며, 결국 이들을 아우슈비츠의 소각장에서 대학살을 자행하는 단계에 이르게 되었다. 범세계화의 진전과 글로벌 시장경제 체제의 모색으로 사람들이 서로 의지하게 되므로 편견 때문에 커지는 마찰은 더욱 커지고 힘들어질 수밖에 없다. 무엇보다 소리 없이 우리의 의식 밖에서 존재하는 암묵적 편향은 부지불식간에 고개를 쳐들고 우리의 행동과 반응에 발현하게 된다.

AI를 지배한 편향

무의식적 편향이 인종과 젠더에만 해당한다고 생각하기 쉽지만, 사실 그보다 훨씬 더 조직 내에 만연해 있다. 채용이나 인재 선발, 직원평가는 물론 조직 내 대인관계, 나아가 세계관의 기초를 이룬다. 예를 들어 유튜브가 앱에 동영상 업로드 기능을 처음 탑재했을 때 동영상의 5~10%가 거꾸로 업로드되었다. 문제의 원인을 파악해보니 개발자들이 오른손잡이 유저만 생각한 탓이었다. 개발자들의 무의식적 편향이 왼손잡이 유저는 휴대전화를 반대 방향으로 돌려 찍는 점을 간과하게 만들었다. 우리 사회가 오른손잡이로 무의식적으로 편향되어 있어 가위, 악기, 음식 배치, 가전제품 등에서 왼손잡이는 투명 인간 취급을 받는다. 이러한 현상을 '암묵적 자기중심성Implicit Egotism 편향'이라고 한다. 자신과 연상되는 것들에 애착을 키우려는 대표적인 무의식적 편향이다. 사람들이 자기 이름과 이니셜이 같은 허리케인으로 발생한 이재민에게 유난히 기부를 많이 하거나, 대통령 후보를 선택할 때도 능력이나 역량보다는 후보의 이름이나 이니셜에 영향을 받아 우호적인 평가를 하기도 한다. 채용 때도 면접관의 이름이나 지역, 출신 대학, 관심사와 배경, 경험이 비슷하면 지원자에게 더 끌리게 되고 높게 평가하려는 경향이 강하다. 이러한 편향은 왜곡된 판단으로 이어지고 고정관념을 조장하여 채용과 의사결정 과정에서 회사에 득보다는 실이 되곤 한다.

인종, 젠더 편향과 더불어 여전히 해소되지 않는 편향이 외모지상주의다. 고대 때부터 육체적 아름다움은 대표적인 인지 휴리스틱으로 작동해왔다. 동일한 자기소개서이지만 매력적인 사진이 붙어 있는 지원자에게는 한결같이 더 높은 점수를 받았다는 사실이 이제는 놀랍지도 않다. 2010년 미국의 주간 뉴스 매거진 〈뉴스위크〉가 18세 이상 성인 1,000여 명을 대상으로 여론조사를 한 결과, 미국인의 3분의 2가 미모를 중요하게 여겼고, 응답자의 72%가 매력적인 여성이 면접에서 유리하다고 생각했다. 같은 조사에서 직장인의 24%가 외모 덕분에 승진한 사람이 있다고 응답했다.[32] 외모만 보고 판단하면 안 된다는 말이 무색할 정도로 외적 매력도가 더욱 유의미한 환금 가치로 인정받고 있다. 이런 의사결정을 내린 관리자에게 물어보면 "요즘은 과거와는 달리 얼굴 예쁜 사람이 일도 잘합니다"라고 응수한다. 이러한 편향은 채용의 현장에서뿐만 아니라 입시 사정, 급여 협상, 법정 판결에서도 더 많은 용서와 더 많은 기대를 하는 것으로 나타난다.

아직 놀라기는 이르다. 우리는 위에서 언급한 각종 편향을 제거하고 조직 내 진정한 다양성과 형평성, 포용성을 실현할 대안으로 AI 시스템을 거론하곤 한다. 과연 AI 시스템이 우리의 당면과제를 해결해줄 수 있을까?

먼저 AI 시스템에는 방대한 데이터가 필요하다. 방대하다는 것은 어느 정도 객관성을 담보한다고 생각하지만 그건 착각이다. 이미 AI 학습에 쓰는 데이터가 인간이 뿌리내린 나쁜 편향을 담고 있고 AI 알고리즘이 학습을 통해 더욱 차별을 강화하고 있다. 2018년 아마존이 AI 채용 알고리즘을 개발해 이전 입사자들과 비교해서 자격을 갖춘 지원자를 좀 더 객관적이고 효과적으로 선별해줄 깃을 기대했다. 하지만 AI 시스템은 '여자'라는 키워드를 포함한 이력서에 감점을 주었고 이것이 언론에 공론화되면서 아마존은 결국 시스템을 폐기했다. 이를 두고 예일대학교의 컴퓨터 과학 교수인 니쉬트 비슈노이Nisheeth Vishnoi는 이렇게 결론 내렸다.

"똑같이 공정함을 보장할 수 없다. 공정성은 지리적, 환경적, 사회적, 문화적 맥락과 함께 매 순간 달라지기 때문에 AI 시스템이 결정론적 현실에 기초하고, 공명정대한 인간의 개념을 수학적으로 모형화하기 어렵다."

문제는 AI 시스템을 설계하는 사람은 대부분 남자라는 것이다. 뉴욕대학교의 AI Now 연구소가 발표한 디스크리미네이팅 시스템즈Discriminating Systems 보고서에 따르면 AI 연구 인력 중 여성 비중은 페이스북은 15%, 구글은 10%에 불과하다. 더욱 심각한 것은 인종의 비율이다. 구글, 페이스북 등 주요 기업들에서조차 AI 인력 중 흑인의 비율은 2.5~4%에 불과한 것으로 나타났다.[33] 이런 기술 분야의 편향과 다양성 결핍 문제가 오히려 여성 비율을 향후 더 낮추도록 작용하기 때문에 문제의 심각성은 더욱 커지고 있는 실정이다. 대표적인 예로, 음성 비서의 목소리가 여성이다. 애플 시리뿐만 아니라 마이크로소프트의 코타나, 아마존의 알렉사도 모두 여성 목소리다. 과학적 근거에 의하면 여성 목소리의 음역대가 남성 목소리보다 귀에 잘 들리는 편이라고 하지만 반드시 그런 것만은 아닌 것 같다. 2019년 유네스코의 보고서에 의하면 권위가 필요할 때는 남성의 목소리를, 보조하는 역할을 할 때는 여성의 목소리를 선호한다는 뿌리 깊은 젠더 편향을 지적했다. 일본 증권 회사의 경우 주식 시세는 여성의 목소리로, 거래 확인은 남성의 목소리로 알려준다. AI 시스템조차도 무의식적 편향을 얼마나 충실히 따르는지 알 수 있게 해준다.

최근 애플은 시리에 남성 목소리를 추가했다. 이는 최근 DE&I가 부각되고 사회적 인식이 바뀌는 추세를 반영한 것으로 홍보하지만 이것을 진실이라고 믿는 사람은 드물다. 영국에서 사용하는 애플 시리는 남성 목소리가 기본값으로 설정되어 있다. 그 이유를 파악해보니 옛날 영국에는 남자 하인을 두는 문화가 있었기 때문에 이를 반영했을 것이라는 편견이 지배적이었다. 즉, 영국은 다른 나라에 비해 비서가 여성이라는 인식이 약한 문화권이기 때문에 일부러 남성 목소리를 기본값으로 적용했을 것이라는 이야기다.

그렇다면 무의식적 편향에서 벗어날 방법은 없는 걸까? DE&I를 하나의 트렌드처럼 받아들이듯 무의식적 편향 역시 트렌드나 유행으로 받아들일 가능성이 크다. 무의식적 편향에서 벗어나는 첫걸음은 자신이 그런 편향에 젖어 있음을 인식하는 것이다. 아리스토텔레스처럼 남자와 여자를 양분법적 시각으로 보며 집단 전체를 싸잡아 일반화하기보다는 특정 속성을 개인화하고 구체화하는 방향으로 가야 한다.

인식의 전환이 이루어졌으면 다음 단계로 편견 깨기 접근법을 활용해보자. 문제가 생겼을 때 관점을 조정해보는 것이다. 한 병원에서 워크숍을 진행하는 경우 M세대 간호사는 의사 회진 시 Z세대들이 휴대전화를 보는 것이 짜증 난다고 했지만, Z세대 간호사들은 환자의 대화 내용을 메모하거나 약국 위치를 검색하는 것일 수 있다는 의견을 냈다. M세대 간호사는 Z세대에 대한 이해를 넓혔고 Z세대의 간호사는 자기 행동 때문에 타인은 기분이 상할 수도 있음을 깨닫게 되었다.

특히 병원의 경우 처방전에 문제가 다수 발생한다. 간호사들에게 고통스러운 표정을 한 백인 환자와 흑인 환자의 사진을 보여주고 어느 정도 진통제를 처방해야 하는지 실험했다. 실험 결과, 간호사들은 흑인보다는 백인에게 더 많은 진통제를 처방했다. 이번에는 방법을 바꿔 간호사에게 사진을 보여주지 않고 환자의 느낌을 상상해보라는 실험을 했다. 그 결과 간호사들은 인종과 관계없이 동등한 진통제를 처방했다. 환자의 관점에서 문제를 바라보면 사회적 상호작용에서 무의식적 편향을 줄이는 데 특히 효과적이다.

그러기 위해서는 상대의 차이점을 이해하고 활용할 필요가 있다. 다양한 구성원의 다양한 특성을 인정하고 독특한 관점을 실현하는 문화를 조성할 때 구성원의 다양성이 비로소 성과로 이어질 수 있다. IBM의 경우 장애를 의미하는 'Disability'를 'Divers+Ability', 즉 '다양한 능력'으로 해석한다. 다양한 장애를 지닌 사람들의 불편함에서 새로운 가능성이 탄생한다고 생각하는 것이다. 신체적 장애를 지닌 구성원과 난독증, 틱장애Tourette syndrome, 자폐증 등을 지닌 구성원들이 제품 개발에 참여해 누구나 접근 가능하며 편의성이 높은 제품을 개발한다.

아울러 상호 학습을 도모할 필요도 있다. 군이 멘토링 프로그램이 아니더라도 나와 차이점이 큰 타인일수록 배울 점이 많다는 생각은 각자가 지닌 개성이 창의성으로 연결되도록 돕는다.

POINT --

누구나 무의식적 편향에서 자유로울 수 없다. 무의식적 편향에서 벗어나는 방법은 자신이 그런 편향에 젖어 있음을 인식하는 것이다. 남자와 여자를 양분법적 시각으로 보며 집단 전체를 싸잡아 일반화하기보다 특정 속성을 개인화하고 구체화하는 방향으로 가야 한다.

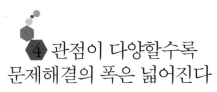

4 관점이 다양할수록 문제해결의 폭은 넓어진다

　세계적인 베스트셀러 《생각의 지도The Geography of Thought》 저자이자 미시간대학교 심리학과 석좌교수인 리처드 니스벳Richard E. Nisbett 과 일본의 사회심리학자 마스다 다카히코Taka Masuda는 미국과 일본 사람들을 두 그룹으로 나누고 물속 장면의 영상을 20초가량 보여줬다. 그 후 두 그룹의 사람들에게 무엇을 중점적으로 봤는지 물었다. 미국인은 중앙의 큰 물고기 세 마리를 중심으로 배 부분은 하얗고 연한 핑크색의 점이 있었고 눈은 거북이 눈처럼 청색 그러데이션으로 물들어 있었다고 언급했다. 반면 일본인은 중앙의 물고기가 아니라 주변 환경에 대해 더 많은 이야기를 했다.

　"물 색깔은 초록색이었으며, 조류는 물의 흐름에 따라 움직이기 시작했어요. 다양한 식물이 있었고 바위와 조개도 있었죠. 아, 물고기 세 마리도 있었던 것 같아요."

미국인과 일본인 모두 중앙의 물고기 세 마리를 기억했지만 다양한 식물이나 조개, 바위, 개구리 등 배경 요소에 대해서는 일본 학생들이 미국 학생보다 60% 이상 더 많이 인지하고 있었다.

이러한 차이는 사물을 볼 때뿐만 아니라 인물을 볼 때도 동일하게 적용된다. 두 개의 사진 중 A 사진은 슬픈 표정을 한 사람들이 주변에 있고 가운데 사람이 행복한 표정을 하고 있다. B 사진은 가운데 행복한 표정을 한 사람과 주변에도 행복한 표정을 한 사람들이 있다. A와 B 사진을 일본 대학생과 미국 대학생들에게 각각 보여주고 어떻게 느끼는지 물었다. 일본 대학생들은 가운데 놓인 인물이 슬픈 사람들에게 둘러싸인 A 사진보다 행복한 사람들에게 둘러싸인 B 사진을 볼 때 더 행복해 보인다고 했다. 반면에 미국 대학생들은 주변 사람들의 표정들에 큰 영향을 받지 않았으며, A 사진을 더욱 행복한 사람이라고 응답했다.[34] 이 실험을 유학생 집단의 서양 문화권과 동양 문화권을 대상으로 확대해서 적용해본 결과, 서양 문화권의 사람들은 개인이 행복하면 행복한 것이라고 지각하는 반면, 동양 문화권 사람들은 상황에 집중하는 상호의존적으로 개인과 주변이 함께 행복해야 진정한 행복이라고 지각하는 경향이 강했다.

물속 영상과 인물 사진 실험은 세상을 바라보는 관점, 기 문화에서 형성된 상호작용이 어떤 차이가 있는지를 극명하게 보여준다. 이러한 차이를 '준거 프레임Frame of Reference'이라고 하는데 어떤 사물의 특성을 판단하는 논리적 근거나 판단 기준으로 작용하게 된다. 문제는 이 준거 프레임이 자신의 오랜 경험이나 특성, 습득한 지식에 의해 의사결정을 하기에 자신의 준거 체계에 맞는 정보는 잘 받아들이나 그렇지 않은 정보는 무시하게 된다. 즉, 사각지대Blind Spot가 존재하기 때문에 대상의 전체를 보지 못하는 오류를 범하게 된다. 그런데 미국인과 일본인의 차별적 준거 프레임이 결합한 하나의 팀이 결성되었다고 생각해보자. 이들이 하나의 팀으로 결성되면 서로가 가진 상점들과 분리된 프레임을 결합하여 사물과 상황을 좀 더 풍부하고 포괄적으로 파악할 수 있다. 특히 4차 산업혁명 시대에 예측할 수 없는 복잡한 경영 환경 속에서는 여러 겹의 다양한 관점이 존재함으로써 잠재적 실행 가능성을 키워 좀 더 유용하고 창의적인 방식으로 문제를 해결할 수 있다.

사 각 지 대

어린 물고기 두 마리가 물속에서 헤엄치고 있습니다. 그러다가 맞은편에서 다가오는 나이 든 물고기 한 마리와 마주치게 됩니다. 그는 어린 물고기들에게 고개를 끄덕이며 인사를 건넵니다.

"잘 있었지, 얘들아? 물은 괜찮아?"

어린 물고기 두 마리는 잠깐 말없이 헤엄쳐 가다가 결국 물고기 한 마리가 옆의 물고기를 바라보며 말합니다.

"도대체 물이란 게 뭐야?"[35]

20세기 미국 현대문학의 새로운 장을 연 데이비드 포스터 월리스David Foster Wallace는 2005년 케니언대학교 졸업식에서 우화 같은 위의 이야기로 졸업식 축사를 시작했다. 그는 강연에서 그 흔한 성공과 꿈, 스티브 잡스의 헝그리 정신, 성취, 희망, 미래 등에 대해 말하지 않았다. 다만 세상을 어떤 자세로 살아가야 하는지에 대해서만 언급했다. 그러면 그가 제시한 '도대체 물이란 게 뭐야?'는 무슨 의미일까?

어린 물고기는 일상적으로 누리고 있거나 상식적으로 생각한 탓에 물의 중요성을 알아차리지 못했다. 포스터는 이것을 '디폴트 세팅Default Setting, 기본 설정'이라고 정의했다. 컴퓨터처럼 인간도 태어날 때부터 이미 우리 머릿속 전자판에 영구히 박혀 있는 자기중심적 세계관이라 할 수 있겠다. 인생이나 비즈니스 영역 대부분에서 독불장군처럼 유일무이하며 완벽하게 홀로 고고히 존재하는 태생적 디폴트 세팅의 노예가 되어, 다른 관점으로 사물을 바라보는 사람들이 있다는 것을 간과할 때 위험은 발생한다.

디폴트 세팅은 관점의 사각지대를 부추긴다. 물론 모든 사람은 자기만의 사각지대를 가지고 있다. 위험한 사람은 디폴트 세팅값을 외면한 채 무의식적으로 자신의 사각지대를 작동시킨다. 따라서 이런 사람들에게는 세상을 바라보는 새로운 창을 열어주어야 한다.

당신은 디자이너이고 새로운 병원 응급실의 디자인을 의뢰받았다고 생각해보자. 디자인 조건은 응급환자가 실제가 느낄 수 있는 두려움이나 공포와 같은 것은 불안 심리를 치료해줄 수 있으면 좋겠다는 것이었다. 이런 경우 대부분의 디자이너는 편안한 조명, 집안처럼 아늑하고 안정감을 줄 수 있는 벽과 바닥에 포인트를 주며 러블리하면서도 차분한 분위기로 인테리어를 한다. 그런데 미국의 디자인 혁신 기업인 IDEO는 보이지 않는 디자인을 디자인한다. IDEO 디자이너들은 응급환자가 실제로 느낄 수 있는 두려움이나 공포 같은 것을 공감하기 위해 머리에 비디오카메라를 설치하여 가상의 응급환자가 되어 직접 경험해본다. 실제 환자가 구급차에서 내려 응급실로 들어가 치료받을 때 볼 수 있는 것을 환자의 시각에서 그대로 촬영했다. 20분 이상의 촬영분에는 응급실 천정만 녹화되었다. 특히 중증 환자의 경우는 벽과 바닥을 볼 일이 없다. 직접 응급환자가 되어보기 전까지 대부분의 사람은 이런 사각지대에서 나타나는 문제점을 전혀 인식하지 못한다. 우리는 어떤 문제를 해결하기 이전에 직접 눈으로 봐야 한다. 이는 결국 관점의 확장을 의미한다.

비슷한 사람끼리 모여 있으면 각자의 사각지대를 공유할뿐더러 사각지대를 더욱 확장한다. 이러한 현상을 '미러링mirroring'이라고 한다. 미러링은 상대방의 언어, 신체적 표정, 몸짓이나 손짓을 따라 하면서 서로의 공감대를 형성하는 것을 의미한다. 미러링은 상대와 우호적인 관계를 형성할 때 좋은 도구이긴 하지만, 조직의 지속적인 성과를 창출하거나 복잡한 문제를 해결할 때는 장애물로 작용하기도 한다. 예를 들어 미스터리한 문제를 해결하기 위해 참가한 팀들 중 절반은 친구 4명이 한 팀을 이뤘고, 나머지 절반은 친구 3명과 관점이 다른 아웃사이더가 포함된 팀이 구성되었다. 결과는 예측한 대로였다. 친구 4명이 한 팀을 이룬 동질그룹의 정답률은 54%였고, 개인이 혼자 문제를 푼 경우에는 정답률이 44%에 불과했다. 하지만 관점이 다른 아웃사이더가 포함된 그룹의 정답률은 75%에 달했다.[36]

하지만 눈여겨볼 점은 결과만큼 중요한 논의의 과정이다. 동질

그룹은 특별한 갈등 없이 서로 동의하는 분위기에서 문제를 해결했다. 같은 생각에 더욱 동조했으며 서로의 관점을 거울에 비추는 데 노력을 많이 했다. 사각지대가 일부 존재하기도 했으나 그 위험성을 간과했고 자신들의 관점을 더욱 확신했다. 물론 동질그룹에도 장점은 있다. 빠르게 의사결정을 해야 하거나 단순한 문제를 해결할 때는 도움이 된다.

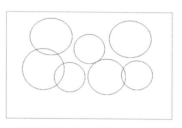

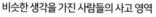

비슷한 생각을 가진 사람들의 사고 영역   다양한 관점을 가진 사람들의 사고 영역

아웃사이더가 포함된 이질적 그룹은 서로의 다른 관점이 드러났기 때문에 갈등과 논쟁이 많이 일어났다. 반대를 위한 반대를 하지 않았지만, 다양한 시각에서 나온 통찰력이 제시됐다. 이후 올바른 결정에 이르렀지만 쉽게 확신하지 않았다. 이것은 복잡한 문제를 직면할 때 관점이 다른 사람들과 일하는 것이 얼마나 중요한지를 보여준다. 밀도 있는 솔직한 토론은 향후 발생할 문제의 대안까지 끌어냈고 타화수분他花受粉하는 높은 집단지성의 수준을 갖추고 있었다.

사각지대에서 벗어나는 법

처음에는 다양한 배경을 가진 사람들을 갖춘 조직이더라도 사람들이 동화현상에 따른 삼투 과정에 젖어 들면서 다양성은 점점 희석된다. 즉, 조직문화에 적합한 성향으로 점점 변해가는 것이다. 그도 그럴 것이 이러한 신실은 인류 자체의 역사만큼 오래됐다. 소크라테스의 제자인 플라톤은《국가론》에서 '같은 깃털의 새들은 함께 모인다'라고 했고, 그의 제자 아리스토텔레스는《니코마코스 윤리학》에서 '사람들은 자신과 닮은 사람들을 사랑한다'라고 언급했다. 이처럼 동종 선호 경향은 다양한 사고를 한쪽 코너로 몰고 가는 중력과 비슷하다.

미국 CIA가 오사마 빈 라덴의 2011년 9·11 테러를 예측하는 데 실패한 것도 동종 선호 경향 때문이다. CIA는 백인 남성, 앵글로색슨족 출신, 인문학 전공자, 개신교를 믿는 미국인으로 구성했다. 특히 자신과 비슷한 사람들을 주로 채용했고, 이들이 가진 생각과 사고, 관점, 논리, 신념도 유사했다.[37] 그 결과 부상자 25,000명, 분진 피해자 75,000명, 총사망자 3,000명 이상의 피해를 낳았다.

그렇다면 사각지대나 동종 선호 경향의 오류에서 벗어나는 방법은 무엇일까? 미국의 억만장자이자 버크셔 해서웨이의 부회장으로 워런 버핏의 단짝인 찰스 토머스 멍거Charles Thomas Munger는 문제 될 것을 뒤집어서 파악하고 그것을 미리 예방한다. 그는 공군 장교로 복무할 당시 기상 관측을 담당했다. 주로 한밤중에도 기상 관측도를 그리고 조종사들의 운행 일정을 관제했다. 그는 일을 잘하기 위해서 딱 한 가지 질문을 자신에게 던졌다.

"어떻게 하면 조종사들을 죽일 수 있을까?"

대부분의 사람이 생각하는 것을 반대로 생각한 거다. 조종사를 죽일 모든 방법을 안다면, 그 방법을 의도적으로 피할 수 있다. 그는 계속 뒤집어서 생각했고 조종사를 죽이는 정말 중요한 두 가지 요인을 찾아냈다. 첫째는 비행기를 제대로 녹이지 않고 꽁꽁 언 상태로 두는 것이다. 실제로 결빙은 항공기 사고의 주된 원인 중 하나다. 둘째는 기체관리를 엉망으로 해놓고, 연료가 부족하게 만드는 것이다. 찰스는 이 두 가지의 일이 절대 일어나지 않게 하기 위해 최선을 다했다. 아마도 찰스와 같은 사람이 있었다면 코비 브라이언트가 2020년 헬기 사고로 세상을 떠나는 일은 없었을 것이다.

많은 사람이 찰스에게 묻는다.

"어떻게 하면 위기의 미국을 구할 수 있나요?"

그는 주저 없이 대답한다.

"미국을 망칠 방법이 뭔가요?"

미래의 위험을 알고 예방하는 노력을 한다면 동종 선호 경향에 의한 중력 역시 예방할 수 있다.

사각지대에서 벗어날 두 번째 방법은 보이지 않는 제3의 가상 인물을 활용하는 것이다. 중환자실에 있는 아버지를 수술받게 할지를 놓고 고민하는 한 남자가 있다. 몇 시간째 고민하던 끝에 담당 의사를 찾아갔다.

"선생님, 부탁이 있어서 이렇게 뵙자고 했습니다. 시간 괜찮죠?"

"괜찮습니다. 그런데 무슨 일인가요?"

"선생님, 이 순간만큼은 제 질문에 솔직하게 말해주셨으면 합니다."

보호자는 말을 이어갔다.

"제 아버지 상태를 잘 아시죠? 제 아버지는 꼭 수술해야 합니까?"

"네. 가능성이 작지만, 그래도 수술해야 하지 않겠습니까?"

원래 해당 주치의는 회진할 때마다 수술을 권하던 의사였다.

잠시 고민한 후 보호자는 말을 이어갔다.

"만약에 말입니다. 선생님에게 태어나면서부터 일급 지체장애 인 아버지가 있습니다. 그런데 어느 날 생계를 위해 고생하다가 사 고와 지병으로 몸을 움직이지 못하고 평생 중환자실에 누워 있어 야 한다면, 선생님은 그 아버지에게 수술을 권하겠습니까, 말리겠 습니까?"

의사가 한참 동안 바닥만 내려다보더니 이윽고 입을 열었다.

"어려운 질문이네요. 만약 제 아버지가 보호자 분의 아버지와 같 은 상황이라면, 저라면 수술을 권하지 않겠습니다."

도저히 해결책이 보이지 않는 상황에 직면했을 때 또는 다른 사 람의 의견이 필요할 때 가상의 인물Shadow Man을 활용해보라. 실존 하는 제3의 인물이 없는 경우 이처럼 자신의 상황이 아니라 남에게 조언해주는 상황이라고 생각했을 경우 더욱 객관적인 선택을 할 수 있다. 찰스 토머스 멍거 부회장도 ROTC 근무 때, 포탄을 쏠 때 길 게 한 번 쏘고, 짧게 한 번 쏘고, 그다음에 제대로 쏘는 것을 보고 다 양한 방식과 경험을 거쳐 얻는 사고방식들은 인생이나 비즈니스에 서 아주 큰 도움이 되었음을 강조했다.

아직 이 방법이 이해가 안 됐거나 의문이 드는 경우 또는 죽고 싶을 만큼 현실이 싫어질 때 티빙 오리지널 시리즈 〈이재, 곧 죽습니다〉 시청을 권한다. 주인공 최이재는 취업에 실패하고 여자 친구와 헤어진 후에도 더 이상 나아지지 않는 지옥 같은 현실에서 도피하고자 죽음을 선택한다. 그리고 그의 죽음과 마주하여 다른 사람의 관점에서 13차례 죽음을 경험하게 된다. 사각지대에서 벗어나 다양한 관점에서 본다는 것은 통찰력을 높여 밝은 눈을 갖게 해준다. 장기나 바둑에서 훈수를 두는 사람이 전체적 맥락을 보는 것처럼 말이다.

POINT ···

사각지대는 대상의 전체를 보지 못하는 오류를 범하게 한다. 비슷한 사람끼리 모여 있으면 각자의 사각지대를 공유할뿐더러 사각지대를 더욱 확장한다. 문제 될 것을 뒤집어서 파악하거나 제3의 인물을 활용해 전체적 시각을 가져보자.

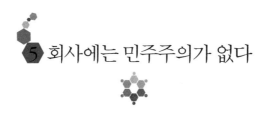

5 회사에는 민주주의가 없다

60:1의 경쟁률을 뚫고 그토록 입사하고 싶었던 대기업의 HR 부서에 입사한 최 사원. 입사 후 모든 휴일을 반납하고 12년간 열심히 일만 한 최 사원은 이제 과장으로 승진하여 HR 부서의 에이스로 활약하고 있다. 운 좋게도 그의 노력을 인정해주는 상사를 만나 회사 생활은 승승장구의 연속이었다. 더구나 높지 않은 연차에도 HR 부서의 일뿐만 아니라 다양한 업무의 프로젝트팀 리더 역할을 하면서 조직 내 다양한 핵심 업무를 두루 경험한 가장 눈에 띄는 사람이 되었다.

사실 최 과장에게 다양한 기회를 준 사람은 그의 3년 대학 선배인 박 본부장이다. 종종 임원들의 회식이나 식사 자리에도 최 과장을 불러서 "회사에 꼭 필요한 친구"라며 소개하기도 했다. 그렇게 몇 번을 함께 어울리다 보니 최 과장은 자연스럽게 박 본부장의 라인으로 분류되었다. 그래서 다른 직원이 박 본부장의 일을 물어보면 기분이 썩 나쁘지만은 않았다. 오히려 대학 선배가 상사로 있어서 든든했다.

그러던 어느 날 최 과장은 구매 담당 부서로 인사 발령이 났다. 사전에 단 한 번의 면담이나 언질도 없었던 깜짝 인사여서 최 과장은 놀라지 않을 수 없었다. '일에 귀천이 어디 있겠냐'며 좋게 생각하던 중 동료가 와서 "최 과장! 앞으로 이제 힘들겠어"라고 말하는 것이 아닌가. 세부 사안을 알아보니 최근 최 과장의 상사인 박 본부장이 사내 파벌싸움에서 밀렸다는 것이다. 박 본부장 역시 지방 사업소의 한직으로 밀려났다. 대대적인 물갈이가 진행되었던 것이다. 최 과장을 더욱 분통 터지게 만드는 것은 조직개편으로 새로 요직에 자리 잡은 사람들이 무능하고 정치만 잘하기로 유명한 사람들이 태반이라는 것이다. 최 과장은 "일 잘하는 사람들을 죄다 쳐내고 회사가 제대로 돌아갈 수나 있을지 걱정된다"라고 하면서도 "하지만 어쩌겠나, 절이 싫으면 중이 떠나야지. 청춘을 바친 회사지만 이제는 계속 남아 있을 애정도 의욕도 모두 사라졌다"라고 말했다.

사내 정치가 만연하는 이유

사내 정치는 DE&I의 적이다. 직장 내 상식을 파괴하는 것은 물론 은연중에 널리 퍼져나가 직원들이 인식하지 못하는 사이에 관계와 생산성까지 망가뜨린다. 요즘은 사내 정치를 잘해서 성과가 높은 상사 쪽으로만 붙어서 사는 조직 내 정치인이 많다. 이들은 국민의 표를 받지 않았음에도 정치 수준이 매우 높다. 상황이 나쁘다 싶으면 재빨리 라인을 갈아탄다. 책임 전가는 기본이고 잘못을 분산시킬 만한 장치를 미리 마련해둔다. 이런 사람들은 해당 직무나 조직의 발전을 위해서 투자하기보다는 개인의 욕구를 채우기에 급급하다. 글로벌 컨설팅 기업 가트너Gartner의 조사에 따르면 직장에서 미국 직원의 44%가 정치적 신념 때문에 동료를 기피했으며 거의 동일한 퍼센테이지로 DE&I 정책이 분열되는 것으로 나타났다. 국내 조사는 조금 더 심각하다. 최근 취업포털 인크루트가 직장인 1,058명을 대상으로 사내 정치에 관한 설문조사를 실시한 결과 '대립 · 갈등, 조정 · 줄서기 등 사내 정치가 있다'고 응답한 비율이 96.2%에 달했다. 이러한 통계 결과는 대부분의 조직에서 조정 및 줄서기식 사내 정치가 만연하는 것으로 해석할 수 있다. 또한 사내 정치에 대한 의향을 묻는 말에 '나에게도 필요 없고, 조직에도 도움이 안 된다'는 의견이 절반(49.8%)에 가까웠으며, '나에게는 필요하지만, 조직에는 도움이 안 된다'는 의견은 33.9%로, 나와 조직 전체적으로 '사내 정치는 도움 되지 않는다'는 의견이 83.7%에 육박했다. USC 응용심리학회가 발행한 기사에 따르면 미국 노동통계국은 '사내 정치는 유해한 영향을 낳아 기업에 연간 30억 달러의 비용을 발생시킨다'고 보고했다. 이처럼 회사에 엄청난 경제적 비용을 초래하는 사내 정치가 도움이 안 된다는 의견이 지배적임에도 대부분의 조직에서 사내 정치가 만연하는 이유는 무엇일까?

　사람은 원래부터 정치적이다. 점심 식사 후 또는 출출한 오후 시간에 직원들과 커피나 간식 내기 사다리 타기, 주사위 굴리기 같은 게임을 해본 적 있는가? 사실 이런 게임은 전혀 강요된 행동이 아니다. 그럼에도 대부분의 사람은 빠지지 않고 참여한다. 사내 정치도 마찬가지다. 누구도 참여하라고 강요하지 않지만, 누구도 거부할 수 없는 것이 사내 정치다. 문제는 순수하고 좋은 관계 형성의 수준을 넘어 대개는 자기 이익을 강화하려는 방향으로 변질되어 활용한다는 점이다. 그 때문에 직원 10명 중 9명은 사내 정치를 권력 혹은 인기를 얻거나 누군가의 평판을 훼손하는 도구로 사용한다. 이는 일반적으로 부정적이지만, 항상 그런 것만은 아니다.

직장에서 자신의 재능이 인정받지 못해 답답함을 느껴본 적 있는가? 아니면 자격이나 능력이 부족한 직원이 당신보다 더 빨리 승진하는 것을 본 적 있는가? 그렇다면 당신은 이미 정치적으로 더 숙련된 동료들에게 압도당하고 있을 가능성이 크다. 이런 경우 대부분의 사람은 사내 정치를 일 잘하기 위한 중요한 도구로 간주한다. 가만히 앉아서 당하고 있을 수만은 없는 것이다. 미국의 보이시주립대학교 리암 마허Liam Maher 외 공동 연구자들이 데이터를 심층적으로 검토한 결과, 사내 정치는 업무 성과 향상, 직장에서의 스트레스 감소, 승진 및 급여 인상 등 경력 성공에 도움이 된다는 사실을 발견했다.[38] 즉, 사내 정치는 직장 내에서 스트레스를 줄이고 중요한 자원을 좀 더 쉽게 확보하여 더 높은 성과 향상을 이끄는 데 일조하고 있음을 보여준다. 물론 사내 정치로 말미암은 공정성이나 형평성, 포용성에 대한 부분은 배제되었다.

권력은 부패하지만, 무권력 또한 부패한다. 고결하고 도덕적으로 올바른 가치를 지켜내기 위해서라도 일련의 권력 투쟁 과정의 중심에 설 필요가 있다. 사내 정치란 단순히 호불호의 문제가 아니라 업무의 중요한 부분일 수 있다는 의미다.

서열과 직급이 없고 자율성이 중시하는 고어텍스라고 해서 사내 정치가 없을까? 고어텍스의 직원들도 성과를 내기 위해서는 사내 정치를 해야 한다. 물론 이때의 정치는 디안에나 파벌에 편입하려 애쓰는 정치가 아닌 좋은 정치다. 자신이 추진하는 프로젝트에 참가한 직원들을 설득하고, 공동의 합의점을 도출해야 할 뿐만 아니라 평상시에도 그들의 업무에 관심을 가지고 소통해야 한다. 동료의 지지를 얻기 위해서는 계속 영향력을 확대해가야 한다.

동료의 지지를 얻기 위해 지속적으로 영향력을 확대해야 하는 이유는 뭘까? 중국 전국 시대 사공자(四公子)의 첫째로 꼽히는 인물인 맹상군의 사례를 살펴보자. 맹상군은 평소 사람들을 아껴 빈객이 3,000명에 달했다. 그러나 그가 제상에서 쫓겨나자, 빈객은 모두 떠나고 말았다. 그의 곁을 떠나지 않은 유일한 인물은 '풍환'이었다. 그가 말했다.

"부유하고 귀하면 사람이 많이 모여들고, 가난하고 지위가 낮으면 벗이 적어지는 것은 당연한 이치입니다. 혹시 아침 일찍 시장에 가본 적이 있습니까? 새벽에는 어깨를 밀치면서 앞다투어 문으로 들어오지만, 날이 저물면 사람들은 더 이상 시장을 돌아보지 않습니다. 이는 그들이 아침을 좋아하고 날이 저무는 것을 싫어해서가 아닙니다. 날이 저물면 사고 싶은 물건이 시장 안에 없기 때문입니다."

맹상군의 사례에서 보듯 개인이나 집단은 이익에 따라 이합집산하는 관계다. 따라서 원하는 것을 얻기 위해서는 권력을 가지라는 것이 아니라 중대한 의사결정을 내려야 할 때, 잘못된 방향에서 옳은 방향으로 전환하고자 할 때를 고수하기 위해 지속적인 영향력을 발휘해야 한다.

좋은 정치를 극대화하는 방법

한정된 자원 내에서 개인이나 팀이 성과를 극대화하기 위해 사내 정치가 자연스럽게 발생하는 경우가 많지만, 구성원 다수가 수용할 수 없는 과도한 사내 정치는 단기적으로 성과를 낼 수 있을지 모른다. 하지만 시간이 지나면서 DE&I를 훼손할 뿐만 아니라 냉소주의가 만연하여 직원의 사기는 저하되고 결국 조직 유효성을 떨어뜨리게 된다.

문제가 있으면 해법도 있는 법이다. 나쁜 정치를 줄이고 좋은 정치를 극대화하는 방법을 살펴보자.

첫째, 무조건 직장 내의 라인이나 파벌에 편입하려 애쓰기보다는 개인의 능력으로 업무 성과를 낼 인사제도를 마련해야 한다.

'잘되면 제 탓, 안되면 조상 탓'이라는 말이 있다. 일이 술술 풀려서 마음먹은 대로 잘되면 내가 잘한 덕분이고, 일이 어긋나고 매듭이 잘 안 풀리면 남의 탓으로 핑계를 둘러대는 심사를 빗댄 옛말이다. 잘못된 원인을 다른 사람에게 떠넘기는 버릇은 어제오늘에 시작된 새삼스러운 일이 아니다. 이런 경우에는 업무평가 시스템을 바꿔야 한다. 팀 프로젝트의 경우 본인의 역할은 무엇이며, 그에 대한 개인 실적과 결과를 구체적으로 드러내야 하며, 다른 팀원들의 의견을 듣고 애초 계획만큼 의욕적으로 일을 수행했는지 체크해야 한다. 주목할 점은 개인 평가의 점수 중 개인 실적 달성도뿐만 아니라 동료들의 평가에 대한 기준을 추가하거나 가중치를 높여야 한다는 것이다. 다수의 목소리를 평가에 반영하여 사내 정치가 원활하지 않은 조직문화를 사전에 조성해야 한다. 또한 조직 내 사내 정치 행위의 기준을 만들어 이에 준하는 행동을 하는 경우 인사 평가에 적극적으로 반영해야 한다. 사내 정치를 즐기는 사람은 자신의 평가에 매우 민감한 태도를 보이고 있기 때문이다.

재미작가 김은국은 자신의 영문 소설 《로스트 네임즈Lost Names》를 국내에서 번역할 때 '빼앗긴 이름'이 아니라 '잃어버린 이름'으로 해야 한다고 주장했다. '빼앗긴 이름'이라고 하면 남에 대한 원한밖에 남는 것이 없지만 '잃어버린 이름'이라고 하면 나의 책임을 깨닫게 된다는 것이다. 그 의미는 빼앗겼다고 남을 탓하기 전에 잃어버린 자신의 무능력부터 반성하자는 얘기다. 위 사례의 결론은 박 본부장과 최 과장이 떠난 자리에는 무능하고 눈치로 일하는 사람들이 자리를 꿰찼다. 무능하고 눈치로 일하는 사람이 원망스럽겠지만 정작 최 과장 자신도 사내 정치의 중심에 있었음을 스스로 깨달아야 한다.

둘째, 직급을 단순화해야 한다.

원론적인 이야기일 수 있지만 사내 정치가 왜 생기는지 먼저 알아야 한다. 우리나라 조직의 역사를 살펴보면 유신 시대의 군대 모델로 거슬러 올라간다. 군대식 모델은 이후 우리나라 기업의 기본적 조직구조로 자리 잡으면서 위계 구조와 철저한 계급화를 양산했다. 특히, 타율적 강제와 계급화 때문에 좀 더 높은 계급으로 올라가고자 하는 개인들이 서로 충돌하게 되었다. 이들이 충돌하는 이유는 군대식 구조에서는 최상층 계급만이 자율성을 가지고 있기에 그 자율성을 확보하기 위해 경쟁한 것이다.

지금의 조직구조도 마찬가지다. 사람들은 더 높은 직급으로 올라가기 위해 경쟁하게 되었다. 이를 조직 내에서는 경쟁에서 이긴 사람들의 우선순위를 매기기 위해 평가제도를 도입하였다. 문제는 이 평가의 주체가 경영자 한 사람으로 국한되면서 소위 '사장님께 잘 보이기 위해' 조직 구성원 간 파벌이 생기고 자연적으로 사내 정치가 나타나게 되었다.

이런 경우는 업무평가 시스템을 바꾸는 것뿐만 아니라 직급 체계를 단순화해야 한다. 직급이 복잡할수록 업무 부담도 늘어난다. 한 단계가 추가될 때마다 업무 부담은 10% 이상 증가한다. 업무시간의 약 60%가 이로 말미암아 낭비되고 생산성은 크게 떨어진다. 따라서 직급 체계를 단순화하여 수직적 조직구조에서 탈피해야 한다. 큰 성공을 거둔 세계적인 기업들은 직급 체계가 단순하다. 그 대표적인 기업이 일본의 '미라이 공업'이다. 이 회사에서는 팀장이나 진급자를 선발할 때 직원들의 이름을 종이에 적어 이를 선풍기 바람에 날려 가장 멀리 날아간 종이쪽지에 이름이 쓰인 직원을 뽑는다. 그리고 사장은 이렇게 얘기한다.

"내 생각에는 과장 일은 다 할 수 있어. 누구나 할 수 있는 거지. 모두 학교 다녔으니깐."

이후 미라이 공업에는 계급이 사라지고, 나이가 많든 적든, 경력이 많든 적든, 모든 직원이 동등한 입장에서 주체적으로 일할 환경이 마련되었다. 그 결과 실용신안과 의장 등이 신청 중인 것까지 포함해서 총 2,300여 건이 넘는다. 1년에 90건, 일주일에 2건씩 직원들의 머리에서 아이디어가 끊임없이 솟아난다.

직급 체계를 단순화했다면 이제는 쇠고 위치인 임원의 자리가 그렇게 특별한 자리가 아님을 인지시켜야 한다. 독일에서는 손님이 오면 임원이 직접 차를 내오는 모습을 쉽게 볼 수 있다. 직책의 고하는 단순히 업무의 영역이 다르다는 것을 의미할 뿐 상사에게 지시나 명령을 내릴 권한을 부여하지는 않는다. 직급이 올라가면 연봉은 올라가지만 그만큼 책임도 무거워지기 때문에 아예 승진을 원하지 않는 사람이 있을 정도다. 이러한 변화된 직급 체계가 어느 정도 자리를 잡는다면 자율성과 형평성이 보장되며 무엇보다 해당 위치에서 주체적인 태도로 일을 할 수 있다.

셋째, 직원의 수를 제한해야 한다.

로마 시절, '백장군'이라는 직위가 있었다. 백장군은 딱 100명의 군사만 거느린다. 왜냐면 군사의 수가 많으면 이동 때 적에게 쉽게 노출되고 기동성과 소통력이 현저히 떨어지기 때문이다. 따라서 적의 공격을 원활하게 추진하기 위해서는 100명의 인원으로 구성한다. 원시 부족이 150명 안팎의 부족 구성원으로 구성하는 이유도 같은 맥락이다. 아마 군대를 다녀온 이라면 알겠지만 대략 한 중대의 인원수는 몇 명이었는가? 100명 정도다. 요즘은 통신 기술, 인터넷 기술의 발달로 말미암아 150~200명 정도로 구성되어 있다. 고어텍스는 공장당 고용 인원을 150명으로 제한했다. 이는 더 많은 공장과 더 많은 자본 투자를 의미한다. 하지만 이는 투자 대비 생산성이 높고 소통이 원활하며 무엇보다 나쁜 정치가 적다. 각 공장에서는 직원 수를 150명으로 제한하면서 모든 사람이 서로를 알 수 있다. 사람들 사이의 교류와 연결감은 수직적 계층 구조의 필요성을 줄이고 조직 목표에 대한 개인의 헌신을 증가시킨다.

넷째, 일과 사람 그리고 사실과 감정을 분리해야 한다.

조직 내 갈등이나 조정 상황에서 기본적으로 다루어야 할 대상은 사람이 아닌 일이나 사실 그 자체다. 특히 갈등이 고조되는 상황에서, 상호 간 이해관계를 풀어내는 과정에서 때로는 기분이 상하기도 하고 모욕을 느끼기도 한다. 이는 문제해결의 결론을 당사자에게 유리한 상황으로 끌어가고자 하는 성향이 강하기 때문이다. 이런 상황이 계속될 때 오해와 편견은 더욱 굳어지고 때로는 상대방에게 역공격당하기도 한다. 더 나아가 합리적인 해결책을 찾는 것이 불가능해지며 상대와의 신뢰관계도 깨져 결국 모든 것을 잃는다. 하버드대학교 로저 피셔Roger Fisher 교수는 복잡한 문제를 효과적으로 풀려면 "사람과 문제(일)를 분리해서 다룰 줄 알아야 한다"라고 말했다. 예컨대 중요한 문제를 신속하게 결말지어야 할 프로젝트를 추진하는 경우, 정해진 기간 내에 프로젝트를 먼저 끝내고 나서 팀원 간의 감정적인 문제는 나중에 별도의 시간을 가지고 해결해가야 한다.

문제는 과연 갈등이나 의사결정 과정에서 '일과 사람을 분리해서 판단하고 생각할 수 있느냐'이다. 대부분의 갈등이나 의사결정은 인간관계와 뒤섞이는 경향이 강해 사람과 일을 분리하기란 쉽지 않다. 상기 예시처럼 최 과장도 일 외적인 문제, 즉 '사내 정치를 하는 사람 때문에 내가 좌천된 거야'라는 부정적인 감정과 사람의 문제를 드러냄으로써 극단적 결론을 맞이하게 되었다.

그렇다면 어떻게 하면 사실과 감정을 분리할 수 있을까? 어려운 일이기는 하지만 상대방이 보는 그대로 상황을 볼 능력을 갖춰야 한다. 당신이 상대방을 원하는 방향으로 움직이려 한다면, 상대의 감정을 잘 이해할 수 있어야 한다. 상대의 감정을 이해한다는 것이 곧 그 문제에 대해 동의한다는 것은 아니다. 상대의 견해와 감정을 잘 이해함으로써 갈등의 폭을 좁힐 수 있고 문제해결을 위한 대화의 장이 넓혀져 서로의 이익을 증진할 수 있다.

마지막으로, 고객을 대하듯 내부 직원을 대해야 한다.

고객과 싸우는 사람은 흔치 않다. 아무리 억울하고 부당해도 고객과는 잘 싸우지 않는다. 이는 고객이 회사에 주는 부가가치가 더 크기 때문이다.

직장 동료를 대할 때도 마찬가지다. 같은 사무실에서 일하는 동료가 마음에 안 들뿐더러 갈등관계에 있더라도 그를 내부 고객으로 생각해야 한다. 한바탕 붙는 것보다 관점을 전환해 상대방의 욕구를 이해해줘야 한다. 그렇지 않고 갈등관계가 있을 때마다 싸운다면 감정은 더욱 폭발할 뿐만 아니라 상대는 당신의 적으로 돌아서 언젠가는 당신을 더욱 힘들게 할 것이다.

위 사례에서 평소 최 과장이 박 본부장뿐만 아니라 다른 임원이나 직원들과 원활한 관계가 형성되어 있었다면 어땠을까? 사람 마음의 크기는 밥그릇과 국그릇처럼 태어날 때부터 정해져 있는 것이 아니다. 평소 직원들에게 관심을 두고 그들의 성과에 아낌없는 박수와 칭찬을 보내준다면 그 사람의 마음 그릇도 그만큼 커질 수 있다. 그리고 한 가지 더 명심해야 한다. 어떤 조직을 가든 당신을 사내 정치의 재물로 이용하려는 동료, 상사는 있게 마련이다. 그런 상황을 마주할 때마다 욱하다가는 일할 곳을 제대로 찾을 수 없을 것이다. 몸을 낮춰 그들의 목소리에 귀 기울이고 웃는 얼굴로 정성을 다해야 한다. 화로 일관한다면 당신이 갈 곳도, 당신을 찾는 곳도 없다.

POINT ··

사내 정치는 DE&I의 적이다. 직장 내 상식을 파괴하고 직원들이 인식하지 못하는 사이에 관계와 생산성까지 망가뜨린다. 사내 정치가 계속될 경우 오해와 편견은 더욱 굳어지고 합리적인 해결책을 찾는 것이 불가능해지며 상대와의 신뢰관계도 깨져 결국 모든 것을 잃는다.

Part 3

성공한 기업에는 특별한 무언가가 있다

새로운 생각 자체를 받아들이는 것은
어렵지 않다.
오히려 우리의 머릿속 구석구석으로 뻗어나간
기존의 생각에서 벗어나기가 어렵다.
_존 메이너드 케인스John Maynard Keyness, 영국의 경제학자

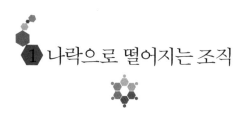

1 나락으로 떨어지는 조직

미국의 대표 상업은행 중 하나인 웰스파고Wells Fargo가 2014년 미국 은행 역대 시가총액 1위를 기록했다. 당시 시가총액은 2조 8,550억 달러로, 2011년 시티그룹이 기록했던 2조 8,340억 달러를 넘어섰다. 유감스럽게도 이렇게 승승장구하던 웰스파고는 교차판매Cross-selling 스캔들이 터지면서 한순간에 나락으로 떨어졌다.

2000년대 초반, 웰스파고는 '고객 1명당 8개씩 교차판매Eight is Great'를 목표로 하고 직원들을 밀어붙였다. 창사 이래 최고의 목표치였다. 2015년까지만 해도 이 목표는 공고해 보였다. 2000년 3.4개, 2003년 4.3개, 2006년 5.2개, 2013년 6.36개로 매년 지속적으로 증가했다. 업계 평균인 2.71개와 무려 두 배 이상의 차이가 났다. 좀처럼 달성하기 어려운 목표가 주어지면서 직원 대부분은 해당 판매 목표를 채우기 위해 제때 퇴근할 수 없었다. 개인 목표는 하루 세 번

일지 형태로 기록 및 보고되었고, 실적이 부진한 직원은 별도의 교육을 받아야 했다. 교육을 받고도 실적이 개선되지 않으면 공개적으로 비난받으며 곧바로 해고 처리됐다. 실적이 저조한 직원의 직속 상사도 예외는 아니었다. 직원들은 목표를 채우기 위해 유령 계좌 수를 늘리고, 허위로 이메일 주소를 민들고, 신용카드도 발급했다. 혹시나 고객에게 발각되면 전산상에 문제가 있다고 둘러댔다. 또한 그들은 고객에게 담보대출에 부당한 수수료를 부과하는 것은 물론 불필요한 자동차 보험과 심지어 반려동물 보험까지 가입하도록 강요했다. 윤리교육은 강화됐으나 판매 목표 자체는 변하지 않았다. 이 과정에서 문제를 제기한 당사자는 내부 고발이라는 명분으로 오히려 해고 조치를 당했다. 직원들은 목표를 달성하지 못해 회사에서 쫓겨날까 봐 두려움에 사로잡혀 방어적이고 폐쇄적인 모습을 보였다.

결국 2002년부터 2016년까지 실적을 부풀리기 위해 고객의 동의 없이 350만 개가 넘는 유령 계좌를 개설했고, 5,300명의 직원이 해고되었다. 웰스파고는 5억 달러의 과징금을 부과받았고 2020년까지 유령 계좌 스캔들 관련 합의금과 벌금으로만 총 40억 달러 이상을 지출했다.

두려움 vs. 심리적 안정감

웰스파고는 일방적인 목표 할당, 비윤리적 관행의 수용, 보복에 대한 공포심 등 적대적이고 두려운 조직문화를 갖고 있었다. 두려움은 질문을 막고 침묵을 잉태하여 더 큰 문제를 낳아 비극적인 결과로 이어지게 만든다. 산업혁명 시대에 표준화된 공장의 조립라인에 근무하는 노동자에게는 두려움이 성과의 원동력으로 작용했다. 하지만 4차 산업혁명 시대에도 여전히 수많은 리더가 두려움이 조직의 성과를 창출하는 데 근원적 역할을 한다고 믿고 있다. 이러한 논리는 업무 자체가 표준화되어 있어 다양한 사람들의 생각이 개입될 필요가 없는 환경에서는 가능했다. 하지만 지금은 지위 고하를 막론하고 팀 업무에 할애하는 시간이 40년 전보다 70% 이상 늘어난 상황에서 얼마나 학습하고 협력했느냐가 비즈니스의 성패 요인이 되었는바, 두려움은 결코 효과적인 동력이 될 수 없다.

두려움과 완전히 배치되는 감정은 '심리적 안정감Psychological Safety'이다. 개개인이 가진 독특한 생각이나 질문, 우려 사항, 심지어 실수까지 솔직하게 말할 수 있다고 믿는 환경인 심리적 안정감은 다양성의 이점을 활용하는 데 필수적이다. 아울러 포용력을 현실로 만드는 데 도움 될 수도 있다. 심리적 안정감은 직원들이 직장에서 자기 모습을 그대로 유지하는 게 안전하다고 느끼는 것 외에도 협업 상황에서 의견, 생각, 아이디어를 표명하는 게 안전하다고 느끼는 것이다. 심리적으로 안정된 직장에서는 팀원들이 자기 모습을 드러낸다는 이유로 거부당하지 않으며, 업무 혁신의 과정에서 실수를 저질러도 관대하다. 또한 직원들은 위험을 감수하고 다른 팀 구성원에게 도움을 요청하며 어려운 문제에 대해 더 쉽게 논의할 수 있다고 느낀다. 특히 잠재적으로 가장 중요한 것은 모든 구성원이 직장에 대한 서로의 기여를 소중히 여기고 존중한다는 것이다. 그런데 심리적 안정감은 신뢰와는 조금 차이가 있다. 심리적 안정감이 집단에 대한 믿음이라면 신뢰는 특정 개인에 대한 믿음에 초점이 있다. 즉, 심리적 안정감은 집단 현상이고, 신뢰는 일대일 현상인 것이다. 따라서 집단에 대한 신뢰가 곧 심리적 안정감이라는 의미다.

사실 심리적 안정감이 조직의 DE&I를 실현하는 열쇠가 될 수 있다는 이론은 특별하지 않을 수 있다. 하지만 그것이 사실이라는 경험적 증거는 지금까지 충분하지 않았다. 인시아드 경영대학원의 조직행동학 교수 헨릭 브레스만Henrik Bresman과 하버드 비즈니스 스쿨의 교수 에이미 에드몬슨Amy C. Edmondson은 6개 대형 제약 회사의 62개 약물 개발팀을 대상으로 DE&I에 대해 심리적 안정감이 가지는 영향에 대한 실증연구를 진행했다.[39]

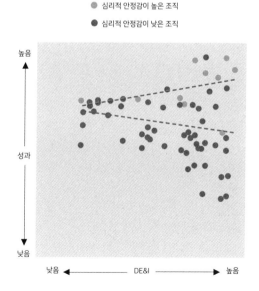

연구 결과 심리적 안정감이 높은 조직에서는 DE&I와 성과가 긍정적인 연관이 있는 것으로 나타났으며, 반면 심리적 안정감이 낮은 조직의 경우 DE&I는 오히려 성과에 부정적인 관계가 있는 것으로 나타났다. 또한 조직의 다양성이 높을수록 조직에 대한 구성원의 만족도는 평균적으로 낮았다. 단순히 인종과 성별이 다양하다고 직원의 만족도를 높일 수 있다는 것은 아니다. 하지만 심리적 안정감이 높은 조직의 경우 다양성이 높을수록 구성원의 만족도가 올라갔다. 정리하면 심리적 안정감이 구성원의 성과를 극대화하기 위한 조절 변수, 즉 윤활유 역할을 하는 것으로 나타났다.

심리적 안정감이 높으면 조직 내에서 자신의 인종, 민족, 성별, 성적 취향, 배경, 가족 상태 및 기타 정체성의 일부를 편견 없이 드러낼 수 있음을 의미한다. 직장 내 DE&I와 심리적 안정감이 결합하면 직원들은 다양성이 환영받으므로 자신의 존재 자체가 안전하다고 느낄 수 있다. 다양한 인력을 보유하면 직원의 생산성이 향상되고, 혁신이 증가하며, 조직의 비용이 절약된다.[40] 그래서일까. 구글은 심리적 안정감을 조직의 성공을 이끈 가장 중요한 요소로 취급한다.

그렇다면 조직 내 심리적 안정감이 어느 정도 수준인지 살펴보자. 5개의 항목을 기준으로 5점 척도로 모든 임직원이 함께 체크해보길 바란다.

No.	항목	5점 척도 그렇지 않다 ① ⟨————⟩ ⑤ 그렇다				
1	사람들은 독특하다는 이유로 거부당하지 않는다.					
2	직원들은 위험을 감수해도 안전하다고 느낀다.					
3	다른 팀원에게 도움을 요청하는 것은 어렵지 않다.					
4	어려운 문제와 현안에 대해 기꺼이 정보를 교환한다.					
5	모든 팀원은 서로의 기여를 소중히 여기고 존중한다.					
합계						

<심리적 안정감 수준 진단>

결과가 어떻게 나왔는가? 2,500개의 국내 기업을 중심으로 분석해본 결과, 심리적 안정감이 높은 조직은 평균 23점 이상의 점수를 기록했다. 반대로 심리적 안정감이 낮은 조직은 평균 16점 이하의 점수를 나타냈다. 평균 대비 직군별, 직위별 점수 분포가 어느 정도 수준인지도 살펴볼 필요가 있다. 일반적으로 심리적 안정감은 낮은 직위보다 높은 직위에서 평균 6.8점 이상의 높은 점수를 나타냈다.

심리적 안정감의 조성

조직 내에 아직 심리적 안정감이 없다면 어떻게 심리적 안정감을 조성할 수 있을까?

Reframing → 질문으로 문제 개입하기 → AAR

1단계: Reframing… 형평성

　프레임, 즉 틀은 어떤 문제를 바라보는 관점, 믿음과 가정, 맥락과 평가 기준 등이 포함되어 세상을 바라보는 마음의 창이다. 문제는 어떤 프레임으로 문제나 세상을 해석하느냐에 따라 얻어내는 결과물들이 달라진다. 예를 들어 직원들의 업무 과실이 발생했을 때 조직문화나 시스템이 주원인인 경우에도 개인 역량 부족이나 부주의로 돌리는 경우가 많다. 이런 경우가 반복되면 당사자는 과실을 외면하거나 침묵할 수밖에 없고, 결국 조직은 문제 개선의 기회를 놓쳐버린다.

　이런 경우 업무를 바라보는 새로운 틀이 필요하다. '엘리베이터가 너무 느리다'는 문제가 발생했을 때, '당사자가 모터와 알고리즘을 개선하지 못해서 그렇다'라기보다는 많은 사람이 기다림이 너무 지겹기 때문에 기다림을 짧게 느끼게 만들도록 음악을 틀거나 손 세정제를 비치하는 대안을 제시할 수 있다. 이처럼 리프레이밍의 핵심은 진짜 문제를 발견하는 것이 아니라 해결해야 할 더 좋은 문제가 있는지를 찾아보는 데 있다. 근본적 문제가 한 가지밖에 없다는 생각이 다양한 사고를 방해하게 된다. '개인 부주의나 과실'을 '시스템 사고'라는 단어를 쓰게 하고, '조사' 대신 '연구'라는 표현을 사용하면 업무에 임하는 직원들은 심리적으로 한층 안정된 상태에서 문제나 사고를 제기할 수 있게 된다.

2단계: 질문으로 문제 개입하기… 다양성

인식의 전환, 즉 리프레이밍을 하기 위한 간단하면서도 강력한 방법이 바로 질문이다. 포용적 리더는 적극적으로 질문하는 태도를 보인다. "다른 직원들의 의견을 적극적으로 수렴했습니까?", "서로 배려하고 존중하는 근무 환경을 조성하면 어떻게 하면 좋을까요?" 처럼, 리더의 진심이 담긴 질문은 심리적 안정감을 구축하는 토대가 되며 덩달아 직원의 추가 질문을 받게 된다. 이러한 환경이 조성되면 질문은 금이 된다. 그런데 심리적 안정감이 들지 않으면 질문은커녕 껄끄러운 대화를 직접적으로 시도하기란 매우 어렵다. 나 자신을 보호하는 데 집중해야 하기 때문이다. 어떠한 질문에도 조롱이나 망신당하거나 아니면 해당 질문을 뒷담화로 여기지 않도록 리더와 구성원이 진정성과 책임감 있는 자세를 가져야 한다.

3단계: AAR… 포용성

질문을 통해서 드러난 문제를 어떻게 해결해야 할까? 다시는 동일한 문제가 반복되지 않기 위해서는 어떻게 해야 할까? 이 같은 질문을 해결하기 위해 미 육군은 AAR[After Action Review]에서 해답을 찾았다. 2005년 〈하버드 비즈니스 리뷰〉에 소개된 이후 오늘날 마이크로소프트, 보잉사, 월트 디즈니를 비롯한 주요 기업에서 활용되고 있다.[41]

AAR은 네 부분으로 구성되며 각 부분은 서로 다른 질문을 중심으로 이루어져 있다.

① 우리는 무슨 일이 일어날 것으로 예상했는가?

② 실제로 무슨 일이 일어났나?

③ 우리가 예상했던 것과 실제로 일어난 일이 왜 다른가?

④ 다음에는 무엇을 개선할 수 있을까?

AAR은 진행할 때 다음의 사항을 고려해야 한다. 대략 25%의 시간을 ①과 ②에 할애하고 나머지 75%는 ③과 ④에 할애해야 한다. AAR의 목표는 팀 행동에 변화를 불러오는 것이기 때문이다. 그리고 중요한 것은 완전한 참여를 장려하기 위해 중립적인 제삼자가 진행해야 한다. 문제의 당사자가 진행하게 되면 개인적이고 방어적이며 좀 더 객관적인 시각이 결여될 수 있다. AAR은 누가 옳은지를 가리는 것이 아니다. 기존 시스템의 개선 그리고 향후 발생할 수 있는 문제를 예방하자는 것이다. 아울러 개인적 과실에 대한 부담을 줄임으로써 솔직하고 포용력 있는 조직문화를 장려할 수 있다.

두려움을 넘어

비즈니스, 투자, 스포츠 등 인간이 활동하는 모든 영역에서 공격적 또는 방어적으로 전략을 수립해야 하는 상황에 맞닥뜨리게 된다. 어떤 전략을 선택하느냐에 따라 기업의 수익성은 물론 생존의 여부에 매우 큰 영향을 미친다.

일반적으로 단기적인 성과를 도모할 때는 방어적 전략이 필요하다. 월드컵의 경우 다양하고 창의적인 전술을 시도하기보다는 준비된 강점을 제대로 발휘하는 것이 중요하다. 월드컵은 토너먼트 방식으로 진행된다. 그야말로 '지면 끝'인 단판 승부이기 때문에 공격보다는 수비에 집중한다. 공부를 예로 들면 방어적 학습은 아는 문제를 틀리지 않기 위한 신중한 학습, 폭넓게 학습하기보다 학습한 내용을 차근차근 정리하는 것이다.

반면 잉글랜드의 최상위 프로 축구 리그인 프리미어 리그의 경우 화려하고 창의적인 공격축구를 선보인다. 손흥민 선수가 뛰고 있는 토트넘 홋스퍼 FC의 엔제 포스테코글루 감독은 "특정한 방식으로 경기를 펼치는 팀이 되기 위해 우리 프로젝트를 시험할 수 있는 강력한 테스트다"라며 공격축구를 선언했다. 화려하고 창의적인 공격축구가 가능한 이유는 프리미어 리그가 '지면 끝'인 단판 승부가 아니기 때문이다. 한 시즌에 38라운드를 치르며, 복수의 팀과 재대결이 가능하다. 공부를 예로 들면 공격적 학습은 점수를 얻기 위해 다양하고 폭넓은 문제를 접하고 좀 더 적극적인 활동을 한다. 예습이 공격적 학습이라면, 복습은 방어적 학습인 셈이다.

그렇다면 비즈니스 환경에서는 공격적 행동과 방어적 행동 중 어떤 쪽을 선택해야 할까? 사실 우리는 방어적 행동보다 공격적 행동이 더 좋음을 안다. 하지만 결과에 집착한 나머지 접근이 쉬운 방어적 행동에 집중한다. 특히 '열심히 공부 안 하면 좋은 대학에 못 간다', '좋은 대학에 가지 못하면 좋은 직장은 꿈도 꾸지 말라' 등과 같이 두려움을 동기로 활용하여 나쁜 결과를 피하게 만든다. 두려움을 활용한 동기부여는 일시적이고 단기적인 성과를 도모하는 데 도움 되나 계속 조직을 이끌어가기 위한 혁신적이고 창의적인 사고를 발휘하는 데는 효과적이지 못하다.

두려움보다는 욕망이 중요한 이유는 예측할 수 없는 경영 환경의 변화에 새로운 기회를 잡는 데 더 큰 역할을 하기 때문이다. 두려움이 변화를 피하는 경향을 보인다면 욕망은 변화를 기회로 포착하기 때문이다. 심리학에서는 이러한 접근방식의 특성을 '접근동기'와 '회피동기'로 구분한다. 접근동기는 자신이 원하거나 좋아하는 것을 얻기 위한 긍정적인 동기이며, 회피동기는 좋지 않은 것으로부터 벗어나기 위해 회피하는 부정적인 동기이다. 가령 "가난하게 살지 않기 위해서는 열심히 일하자"라고 하는 것은 두려움을 활용한 회피동기이고, "부자가 되기 위해 열심히 일하자"라고 하는 것은 욕망을 자극하는 접근동기이다.

가난하게 살지 않는 것과 부자가 되는 것은 전혀 다른 행동양식을 요구한다. 두려움을 활용한 회피동기는 안정적이고 현실에 안주하는 조직을 추구하게 하고, 반면 심리적 안정감이 충족된 상황에서 욕망을 기본 감정으로 갖는 접근동기는 도전적인 일을 하며 성취 지향적인 조직을 만든다.

문제는 조직의 특성이 '지면 끝'인 단판 승부가 아닌 프리미어 리그 승부처럼 장기적인 성격을 지니고 있다는 점이다. 시간이 지날수록 두려움을 활용한 회피동기는 안정성을 지향하기 때문에 경영 환경의 변화와 리스크에 제대로 대응할 수 없다. 그 때문에 지속적인 조직의 경쟁력을 강화하기 위해서는 두려움에 의해 움직이기보다는 심리적 안정감을 유지하며 욕망을 갖고 접근동기에 집중할 필요가 있다.

밤길을 걷던 사냥꾼이 부스럭거리는 소리를 듣는다. 이 상황에서 회피동기로 해석하면 호랑이를 떠올리며 몸을 피하게 될 것이고, 접근동기로 해석하면 호랑이를 적절하게 피하면서 토끼를 잡는 방법을 생각하게 될 것이다. 조피이 그러하듯 사냥꾼이라면 위기를 기회로 삼아야 원하는 성과를 얻을 수 있다.

POINT ··

두려움과 완전히 배치되는 심리적 안정감은 개개인이 가진 독특한 생각이나 질문, 우려 사항, 심지어 실수까지 솔직하게 말할 수 있다고 믿는 환경에서 근무하는 집단적 신뢰다. 무엇보다 심리적 안정감은 DE&I의 수준을 올리는 데 필수적이다.

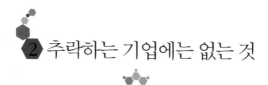

2 추락하는 기업에는 없는 것

최고경영자에게 회사의 비전에 대해 질문하면 대부분 성과와 관련해서 대답한다.

"세계 최고의 기업을 만들고 싶습니다."

"경쟁기업보다 압도적으로 시장을 지배하는 기업을 만들고 싶습니다."

"높은 이익률을 달성해 직원과 주주의 기대에 부응하고 싶습니다."

성과를 달성해서 건전한 재무지표를 유지하는 일은 현대 비즈니스에서 자연스러운 일이다. 하지만 단기 성과에만 집중하면 점점 조직의 경쟁력은 약화되고 미래를 장담할 수 없게 된다. 한때 탁월한 기업이라 불렸던 기업들이 짧은 순간의 영광만 누리게 되는 것도 단기 성과에만 집착했기 때문이다. 맥킨지가 2,000명 이상의 C-Level을 대상으로 조사한 결과 단기 성과에만 집중하는 기업은 실패할 가능성이 1.5배 더 큰 것으로 나타났다.[42] 역설적이게도 탁월한 성과를 지속적으로 창출하는 기업은 성과 자체에 얼마나 덜 집중하는가에 달려 있다.

단기 성과에만 집중하게 되면 조직의 DE&I에 대한 관심과 투자는 간과하게 마련이다. 기업이 미래에도 생존하기 위해서는 지금 당장 DE&I에 투자해야 하는데도 말이다. 미국 역사상 가장 빨리 성장한 회사로 알려진 비디오 게임 제작업체 아타리Atari는 4억 1,500만 달러라는 기록적인 매출을 달성하며 초우량 기업의 반열에 올랐다. 하지만 성장은 오래가지 못했다. 게임 시장은 계속 성장하고 있었지만, 아타리는 껍데기만 남긴 채 500만 달러라는 헐값에 매각되고 말았다. 단기 성과에 과도하게 집착한 나머지 팀워크와 DE&I의 쇠퇴, R&D 투자 감소 등을 간과했던 것이다.

아타리와 대비되는 컴퓨터 그래픽스 애니메이션 영화 스튜디오 픽사Pixar의 사례를 살펴보자. 현재 월트 디즈니 컴퍼니의 자회사인 픽사는 아카데미상을 15회 수상했고, 골든글로브는 7회, 그래미상을 11회 받았다. 그야말로 애니메이션의 명가다. 메이저 영화 제작사들이 1년에 평균 25편의 영화를 제작해서 3편이 흥행에 성공하면서 기업 전체의 수익을 발생하게 된다. 반면 픽사는 평균 제작비가 2억 달러 되는 애니메이션을 1년에 단 한 편만 제작한다. 선택과 집중이라는 명분에서는 좋으나 이는 매우 위험한 도박이다. 이러한 도박과 같은 상황에서도 픽사의 조직문화는 자유롭고 다양한 개성을 중시한다. 서로 마음 놓고 사고를 쳐도 부정적으로 반응하지 않는다. 픽사의 에드 캣멀Edwin Catmull 회장은 "경영진이 해야 할 일은 위험을 막고 단기 성과에 집중하는 것이 아니라 실패했을 때 ○○○을 키우는 것이다"라고 강조한다. 참고로 픽사의 애니메이션 〈토이 스토리Toy Story〉는 제작비 2억 달러로 10억 7,384만 달러, 즉 5.35배의 수익을 올렸다.

성과만으로는 부족하다

캣멀이 말하는 ○○○이란 무엇일까? 다음 네 가지에 힌트가 있으니 맞혀보길 바란다.

1. 업계의 2/3 이상이 '○○○'을 매우 중요한 특성으로 간주한다.
2. 미국의 통합 시스템 소프트웨어 회사인 SAS의 보고서에 따르면, 코로나19로 말미암은 자발적인 대량 퇴직과 고용 열풍 속에서 전 세계 관리자들은 '○○○'의 가치에 주목하고 있다. 관리자의 72%는 직원의 '○○○'이 유용한 특성이라고 생각하며, 절반 이상은 현재 '○○○'의 가치가 훨씬 중요해지는 추세(51%)이고, '○○○'이 비즈니스에 실제적인 영향을 미치며(59%), '○○○'이 많을수록 업무

 76% 금융 서비스   86% 정부기관   68% 의료/생명과학

 71% 제조   72% 소매

성과가 높다(51%)는 데 크게 동의했다.

3. 인간에게는 있는데, AI에는 '○○○'이 없다.

4. 알베르트 아인슈타인은 "나는 특별한 재능이 없다. 단지 열정적으로 '○○○'이 있을 뿐이다"라고 말했다.

정답을 맞혔는가? 픽사의 캣멀 회장은 이렇게 강조한다.

"경영진이 해야 할 일은 위험을 막고 단기 성과에 집중하는 것이 아니라 실패했을 때 '호기심'을 키우는 것이다."

호기심은 전문적인 환경에서 효과적으로 활용될 때 성장과 창의성 그리고 문제해결을 위한 강력한 도구가 된다. 픽사는 호기심을 말로만 장려하는 수준이 아니라 그들의 작업 환경에 구조화했다. '브레인트러스트' 회의가 대표적인 예로, 팀들은 프로젝트를 개선하기 위해 호기심을 유발하는 공개 토론에 참여한다. 브레인트러스트를 통해 혁신을 지속하기 위해서는 끊임없이 수정되어야 하고, 드러난 약점에 대해 솔직하게 논의되어야 한다는 것을 깨닫는다. 그 과정에서 직원들은 실패와 비판에 직면하도록 장려하며, 개방적인 호기심으로 창의적인 스토리를 구현한다.

오늘날 비즈니스에 호기심이 중요한 이유는 실제로 다양성과 포용성의 변화를 불러오는 기폭제 역할을 하기 때문이다. 이직률이 높은 국내 10개 기관의 콜센터 신입사원 800명을 대상으로 새로운 업무를 시작하기 전에 호기심을 측정하는 설문조사를 실시했다. 4주 후 다시 그 직원들을 대상으로 일의 다양성 측면을 조사했다. 그 결과 호기심이 높은 직원들은 동료들로부터 가장 많은 정보를 찾았고, 그 정보는 고객의 문제를 해결하거나 팀의 창의성을 향상시키는 데 도움을 주었다. 호기심이 충분한 사람은 어려운 상황을 좀 더 창조적인 시각으로 바라본다. 이번 연구 결과에서도 호기심이 스트레스에 대한 방어적이고 공격적인 반응이 적게 나타난다는 것을 발견했다. 호기심이 높은 사람은 좋은 팀 플레이어가 되고, 관계를 원활하게 개선한다. 직원들이 새로운 아이디어를 탐구하고, 질문하고, 위험을 감수하도록 격려받는 분위기를 조성하여 더 생산적이고 동기부여가 되도록 돕는다. 실제로 SAS 보고서[43]에 따르면 관리자의 60% 이상이 문제에 대한 혁신적인 솔루션을 찾는 데 호기심이 중요한 자산이라고 답한 반면, 55%는 호기심이 직장에서 복잡한 문제를 해결하는 데 유용한 특성이라고 주장했다.

호기심이 저평가되는 이유

리더들은 호기심이 중요하다고 인식하고 있지만 실제로 대부분의 리더는 호기심 자체를 조직 내 현장에서 언급하는 것을 원치 않는다. 다양한 업계에 종사하는 3,000명 이상의 직원을 대상으로 설문조사한 결과, 약 24%만이 정기적으로 자신의 업무에 대해 호기심을 느낀다고 답했고, 약 70%는 직장에서 더 많은 질문과 호기심을 발현하는 데 상당한 어려움을 겪고 있는 것으로 나타났다.[44] 실제 픽사, 3M, 메타, 구글, 넷플릭스를 포함한 몇몇 기업은 직원들에게 업무시간에 호기심을 실현할 수 있는 자유로운 시간을 준다. 하지만 일반 기업에서는 드물다.

그 첫 번째 이유는 효율성에 방해가 된다고 생각하기 때문이다. 1900년대 초 헨리 포드는 대중을 위한 자동차를 만들기 위해 생산 비용을 줄이는 한 가지 목표에 모든 노력을 집중했다. 1908년 그는 모델 T의 도입으로 이러한 목표를 실현했다. 이후 수요가 늘어나 1921년까지 회사는 미국 전체 승용차의 56%를 생산했는데, 이는 주로 회사의 효율성 중심 업무 모델에 의해 가능해진 놀라운 성공이었다. 하지만 1920년대 후반, 미국 경제가 새로운 수준으로 올라감에 따라 소비자들은 더 다양한 모델을 원했다. 포드가 T 모델 개선에 집착하는 동안, 제너럴 모터스와 같은 경쟁자들은 다양한 모델을 생산하기 시작했고 곧 시장의 주요 부분을 장악했다. 결국 포드는 생산비용 효율성에 대한 일방적인 집중으로 실험과 혁신을 중단하고 경쟁사에 뒤처질 수밖에 없었다.

두 번째 이유는 직원들이 호기심을 좇는 것은 비용이 많이 들고 조직이 혼란으로 이어질 것이라고 생각하기 때문이다. 국내 CEO 및 HR 임원들을 대상으로 설문조사를 한 결과, 사람들이 자신의 관심사를 탐구하도록 허용한다면 회사 경영이 더 어려워질 것이라고 생각하기 때문에 호기심 조장을 피한다는 사실을 발견했다. 또한 그들은 의견 차이가 발생하고 의사결정과 실행 속도가 느려져 사업을 수행하는 데 드는 비용이 증가할 것이라고 생각한다. 실제로 조직 내 많은 사람은 창의성을 목표로 열거하지만, 창의적인 아이디어를 제시받았을 때 거부하는 경향이 강했다. 그도 그럴 것이 호기심을 좇는 일은 단기 성과를 달성하는 데 장애가 되기 때문이다. 최근 여러 회사에서 일하기 시작한 250명을 대상으로 호기심을 측정하기 위한 질문을 했고, 6개월간 추적조사를 했다. 초반에는 호기심 수준이 다양했지만, 6개월 후에는 모든 사람의 호기심이 평균 20% 이상 감소했다. 사람들은 일을 빨리 끝내야 한다는 압박감에 시달렸기 때문에 일의 의미나 과정에 대해 질문할 시간이 거의 없었다.

세 번째 이유는, 호기심은 조직 역량이 아닌 개인 역량으로 개인이 가진 특질이라고 생각하기 때문이다. 뉴스 검색 엔진인 넥시스에 검색해보니 2010년엔 '혁신'이라는 단어는 하루 660회, '창조'는 550회로 증가했다. 이에 반해 '호기심'이라는 단어는 2000년이나 2010년이나 160회 정도 나오는 데 그쳤다. 혁신과 창조에 대한 관심은 높아졌는데, 사람들은 호기심에 대해선 전혀 얘기하지 않는다.[45] 구글 트렌드에서 최근 5년간 전 세계를 대상으로 혁신과 호기심이라는 단어를 비교해본 결과 혁신은 평균 78회, 호기심은 평균 15회로 넥시스 조사와 동일한 패턴을 보였다.

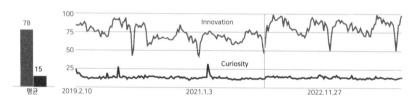

<구글 트렌드 '혁신'과 '호기심' 키워드 분석 결과>

단편적으로 국내 도서 목록에 '호기심'을 검색하면 죄다 어린이 도서뿐이다. 아이들의 뇌는 새로움을 찾고 주변 환경으로부터 배우도록 연결되어 있기에 자연스럽게 호기심을 갖게 된다. 아이들은

성장하고 발달하면서 끊임없이 이어지는 새로운 경험을 접하게 되고, 그들의 뇌는 자연스레 정보를 처리하고, 조직하고, 종합하는 데 능숙에긴다. 대조적으로 성인은 확립된 지식과 경험에 의존하는 경향이 강하다. 그 때문에 뇌의 신경가소성neuroplasticity과 적응력은 상대적으로 떨어지게 된다. 그러나 이것이 성인들의 호기심을 발달시키거나 유지할 수 없다는 것을 의미하진 않는다. 새로운 언어를 배우거나, 악기를 연주하거나, 다양한 분야의 책을 읽으면 신경 가소성을 자극하여 얼마든지 호기심을 발달, 유지할 수 있다.

호기심 언어

호기심은 포용적인 조직문화를 만들기 위한 근원적 도구다. 또한 끊임없는 기술 발전과 점점 더 복잡한 경영 환경에서 다양한 팀을 이끌어야 하는 매우 효과적인 도구다. 우리는 호기심을 개인적 특질이라는 인식에서 벗어나 더 깊은 호기심을 발현할 수 있는 환경을 조성해야 한다. 대화가 깊은 호기심 수면 아래로 내려갈 때, 업무 관계를 강화하고, 리더로서 자신에 대한 이해를 증진시키고, 갈등이나 불안 심리를 탐색하는 데 실질적인 도움이 된다. 그럼, 호기심이 충만한 조직문화를 의도적으로 조성할 수 있는 '호기심 언어'에 대해서 살펴보자.

"잘 모르겠어요."

수많은 리더가 '잘 모르겠어요'라는 표현을 거의 하지 않는다. 덜 유능하게 보일까 두렵기 때문이다. 하지만 지적 겸손이 높은 리더는 오히려 '잘 모르겠어요'라는 표현을 자주 함으로써 그 사람이 더 유능하게 보이고, 더 공동체적이고 친근하며, 더 긍정적인 관점에서 바라본다. 이것은 팀원들이 리더와 함께 일하기를 선호하는 특징으로써 상호 간 신뢰를 구축하는 핵심 요소다. 또한 이 말을 하는 건 당신이 모든 답을 가지고 있는 것에 대해 오만하지 않으며, 다른 사람들의 아이디어에 열려 있다는 걸 의미한다. 지적 겸손을 실천하는 것은 직장에서의 불안감을 줄일 수도 있다. 긍정심리학 연구에 의하면 지적 겸손이 불안감과 부정적으로 연관되어 있고, 행복과 전반적인 삶의 만족과 긍정적으로 연관된 것으로 나타났다.

"조금 더 말해주세요."

만약 당신의 연인이 "요즘 정말 유익한 책을 읽고 있어", "나는 오늘 직장에서 너무 힘든 하루를 보냈어", "이번 여행은 너무나 행복했어"라고 말할 때, 단지 "좋았겠네", "대단하다" 또는 "나도 유감이다"라고 반응한다면 당신은 유의미한 연결의 기회를 놓치고 있는 것이다. 이런 경우 다음 의제로 넘어가지 말고 "그 책의 내용을 좀 더 얘기해줄 수 있겠어?", "어떤 일이 가장 힘들었어?", "너를 그렇게 행복하게 만든 것이 뭐였어?"라고 물어본다면 상대방과 더 좋은 관계를 유지하고 강화할 수 있다. 타인과의 관계를 강화하는 것은 단순히 기분 좋은 인간 행동일 뿐만 아니라 비즈니스에도 이

점이 있다. "조금 더 말해주세요" 하는 표현으로 지원하는 환경을 조성하는 것은 직원의 업무소진과 스트레스를 줄일 수 있으며 긍정적인 지지관계를 조성하여 창의성과 혁신성 향상에도 도움 된다. 나아가 "말씀하신 내용에 대해서 어떻게 우리가 더 많은 것을 배울 수 있을까요?" 하는 표현을 추가한다면 참여도를 높이고 협업 및 문제해결을 촉진할 수 있다.

"다른 사람은 또 누구인가요?"

대다수의 조직은 질문보다 답을 우선시할 뿐만 아니라, 특정한 사람이 이미 그 답을 가지고 있다고 생각한다. 조직 내 브레인스토밍을 할 때 리더는 참석자의 의견을 모두 청취하고 "그럼, 제 의견대로 진행하겠습니다" 하는 모습을 너무나 많이 지켜봤다. 픽사의 감독은 직원들에게 영화의 한 장면을 보여주며 피드백을 요청했다. 감독이 한 사람을 지목하여 피드백을 요구하자 "저는 회계사일 뿐입니다"라고 말했다. 그 감독은 "당신의 생각도 이 영화를 더 좋게 만드는 데 매우 중요합니다"라고 대답했다. 픽사의 감독들은 '작가'나 '애니메이터' 등 영화 제작과 직접적인 관련이 없는 사람들의 관점에 대해 피드백을 끌어내어 좀 더 확장적이고 흥미로운 지혜를 도모한다.

픽사의 작가, 감독 들은 판단적인 언어를 사용하지 않고 아이디어를 기반으로 하는 '플러싱plusing'이라는 기술로 훈련을 받는다. 예를 들어, 감독들은 스케치를 거절하는 대신, "저는 베키의 눈이 좋아요, 그리고 만약 우리가⋯⋯"라고 말함으로써 다른 관점의 시작점을 찾을 수 있다. 다른 누군가가 또 다른 '플러스'를 가지고 뛰어들 수도 있다. 이 기술은 사람들이 호기심을 가지고, 모든 종류의 아이디어가 탐구될 수 있도록 적극적으로 듣고, 다른 사람들의 아이디어를 존중하며, 자신의 의견이 기여할 수 있도록 해준다.

회사 규모나 산업에 상관없이 "다른 누가 우리에게 독특한 통찰력이나 해결책을 제공할 수 있을까?", "우리가 또 누구에게 물어볼 수 있을까?"라고 질문함으로써 호기심을 고취할 뿐만 아니라 동질적인 집단사고에서 벗어날 수 있다. 탁월한 통찰력과 창의적인 해결책은 가능성이 작은 사람들에게서 나올 수 있는데, 이는 평소에 얼마나 "다른 사람은 또 누구인가?"라고 질문하는가에 달려 있다.

조직 내 호기심의 문화를 갖는 것은 단기 성과의 문제를 극복할 뿐만 아니라 미래 성장을 가능하게 하고 장기적인 성공을 보장할 수 있는 매우 귀중한 자산이다. 마리 퀴리의 방사능 연구나 아인슈타인의 상대성이론과 같은 역사적 연구 결과는 만족할 수 없는 호기심을 자극하는 언어에 힘입었다. 그들의 끊임없는 호기심 추구는 과학에서 패러다임을 바꾸는 진보의 길을 열었다. 격동의 시대에 높은 수준의 포괄성에 도달하여 다양한 인력을 유치할 수 있는 호기심은 이제 선택이 아닌 필수가 되었다.

POINT --

경영진이 해야 할 일은 위험을 막고 단기 성과에 집중하는 것이 아니라 실패했을 때 호기심을 키우는 것이다. 호기심은 전문적인 환경에서 효과적으로 활용될 때 성장과 창의성 그리고 문제해결을 위한 강력한 도구가 된다.

3 관료제의 종말

정치학이 아닌 경영학에서 민주주의의 적은 공산주의가 아니라 관료제로 인식된다. 관료제는 종종 복지부동, 권위주의, 관존민비로 대변되는 공무원 사회의 부정적 측면과 연관되어 있지만 비즈니스 세계에서도 무시할 수 없는 도전 과제다. 관료주의는 과도한 규칙과 엄격한 절차로 혁신을 방해하고, 의사결정 과정을 지연시키며, 조직의 민첩성과 직원의 자율적 참여를 제한한다.

관료제에도 분명 긍정적인 면이 있다. 하지만 부정적 인식이 강해 팬이 거의 없다. 월마트 CEO인 더그 맥밀런Doug McMillon은 관료제를 '악당'으로 표현한다. 워런 버핏의 파트너이자 버크셔 해서웨이의 부회장인 찰리 멍거Charles Munger는 '매우 유사한 암'처럼 대하고, 프랑스의 소설가이자 비평가인 오노레 드 발자크Honoré de Balzac는 난쟁이들에 의해 작동되는 거대한 기계로 취급한다. JP모건 체이스의 CEO 제이미 다이먼Jamie Dimon은 이렇게 평가절하한다.

"좋은 사람들을 쫓아내는 질병이며, 인간의 성취에 부과되는 세금이다."

현재 세계적으로 손꼽히는 경영 전략가 게리 하멜Gary Hamel과 매니지먼트랩MLAB 전무인 미셸 자니니Michele Zanini는 7,000명이 넘는 HBR 회원을 대상으로 설문조사를 한 결과, 응답자의 3분의 2가 관료제가 조직의 의사결정 속도를 크게 방해한다고 인식하는 것으로 나타났다.[46] 대기업에 근무한 경험이 있는 응답자는 같은 질문에 80% 이상이 그렇다고 응답했다. 또한 직원 수가 1,000명 이상인 기업에서 근무한 응답자의 96%는 새로운 계획을 시작하는 것이 "쉽지 않다" 또는 "매우 어렵다"라고 응답했다.

글로벌 메모리 반도체 1위인 삼성전자가 HBM(고대역폭메모리) 시장에서 HBM2를 먼저 양산하고도 SK하이닉스에게 뒤처진 이유는 메모리 연구개발 조직을 정립하고 집중적으로 개발 역량을 체계화하지 못한 것도 있지만 삼성전자 내부적으로는 관료화된 조직문화가 시장 수요에 빠르게 대응하는 데 걸림돌로 작용했기 때문이다. 삼성전자 반도체 부문의 한 임원은 "삼성 반도체가 빠르게 변화하는 시장 트렌드에 따라 민첩하게 피버팅pivoting하기 어려운 이유는 1980년대부터 자리 잡아온 D램, 낸드플래시 분야 전문가들이 관료화되기 시작했기 때문이다"라고 지적했다. 반면 SK하이닉스는 과거 LG반도체, 현대반도체, 하이닉스를 거쳐 SK그룹으로 통합되는 과정에서 다양한 출신과 배경을 가진 전문가들을 합류시키며 개방적인 조직문화를 형성했다.[47] 다변화되는 메모리 시장에서 SK하이닉스는 관료주의적 사고방식을 벗어던지고 적극적으로 DE&I를 반영한 조직문화로 탈바꿈했기 때문에 글로벌 메모리 반도체 기업 중 빠르게 메모리 흑자 전환에 성공할 수 있었다.

관료제는 분업화와 전문화를 강화하기 위해 생산, 품질, 재무, 회계, 판매 또는 마케팅에 이르기까지 구성원들의 역할을 인식하고 자신의 해당 업무에 맞는 전문 지식을 개발하게 했다. 이러한 배경에 의해 경영대학원이 탄생했다. 오늘날까지도 재무, 회계, 생산 운영 관리, 마케팅, 인사 등으로 짜인 구성은 관료제에 힘입어 20세기의 공업, 자동차 분야 기업들의 구조를 그대로 모방한 것이다. MIT 경영대학원은 제너럴 모터스의 전 CEO 알프레도 슬론Alfred P. Sloan의 이름으로 명명되었고, 펜실베이니아대학교의 경영대학원 명칭은 금속 공업을 이끌던 조지프 와튼Joseph Wharton의 이름을 땄다.

문제는 MBA 학위가 명성을 잃고 있다는 점이다. 한때 MBA는 곧 억대 연봉으로 통하며 세계 각지에서 지원자가 몰렸으나 미국 내 대부분의 MBA 스쿨 지원자 수가 줄고 있다. 디지털 비즈니스 시대에는 기존의 MBA 학위가 더 이상 통하지 않게 된 것이다. 미국의 다국적 비즈니스 소프트웨어 회사인 인튜이트의 설립자 스콧 쿡Scott D. Cook은 그 이유를 다음과 같이 꼬집어 설명했다.

"MBA 졸업자가 와도 이들을 기초부터 다시 훈련해야 한다."

시대가 변한 것이다. 현재 전 세계의 디지털 경제를 장악하고 있는 구글, 아마존, 메타, 애플, 마이크로소프트의 운영 체계를 생각해보자. 이 기업들이 제공하는 디지털 자산은 무한한 공간에서 무한히 활용된다. 자산이 소모될 일도 없다. 오히려 네트워크 효과 덕에 사용자가 늘어날수록 자산의 가치는 기하급수적으로 올라간다. 공업과 금속 산업이 '자산 집약적Asset-intensive'이라면 디지털 경제는 '자산 경량화Asset-light' 전략을 취한다.[48] 관료제와 공업화 중심의 MBA는 더 이상 경쟁력이 없다는 것이다.

왜 관료제는 지속되는가?

오늘날 비즈니스 환경의 거대한 변화 속에서도 관성과 정체의 대명사가 된 관료제는 여전히 놀라운 지속력을 보여주고 있다. 19세기 말 관료제 경영이론을 처음 고안한 독일의 정치경제학자 막스 베버Max Weber는 효율적인 조직에는 엄격한 계층 구조나 권한, 명확한 규칙과 규정, 표준화된 절차 및 세심한 기록 보관이 필요하다고 믿었다. 특히 그는 관료제가 다른 형태의 조직과 구별되는 6가지 주요 특징을 다음과 같이 제시했다.

- 명확하게 정의된 역할을 가진 분업
- 명확한 권한 라인을 가진 계층적 관리 구조
- 필요한 결정 및 조치를 명시한 문서
- 역할별 전문교육 및 성과주의자 선발
- 조직을 통제하기 위해 임명된 전임 관리자
- 관리를 철저히 매뉴얼화한 규칙

베버는 관료제 찬가를 부를 정도로 관료제의 특성을 강조했지만,

관료제의 비인간적 경향을 염두에 둔 어두운 면에 대해서도 함께 지적했다.

"관료제에서 개별 노동자의 성과는 수학적으로 측정되고, 각 노동자는 기계의 작은 톱니바퀴가 되며, 이 사실을 알고 나서는 자기가 더 큰 톱니바퀴가 되어야 한다고 안달한다."[49]

이러한 한계에도 베버의 찬가로부터 115년이 지난 지금 관료제는 모든 인간 조직의 철학적 기반으로 유지되고 있다. 베버가 주장한 관료제는 분명 장점이 있다. 명확성, 정확성, 비개인화, 안정성, 예측성 등은 확실히 좋은 것들이다. 그러나 민첩성과 창의성을 중시하는 오늘날 대다수 조직에서 그것들은 단지 성과를 달성하기 위한 최소한의 요건에 불과하다. 오늘날 당신의 리더가 이렇게 말한다면 어떨까?

"직장에서 어떤 형태의 개인적인 관계도 용납하지 않습니다. 모든 업무관계는 규칙과 규정에 의해 구속된다는 점을 잊지 마세요. 잡담이나 협력, 아이디어 공유 같은 것은 해서는 안 됩니다. 일은 일이지, 사교 모임이 아닙니다."

이는 베버가 실제로 평소에 주장했던 말이다.

오늘날 불확실성과 혼란이 증가하고 DE&I가 급부상하는 등 비즈니스 환경의 구조적인 변화 때문에 관료제의 효율성에 대해 점점 더 의문이 제기되고 있다. 그 결과, 기업들은 점점 높은 적응력과 학습 및 혁신에 대해 경쟁해야 한다. 그러나 관료제는 본질적으로 이러한 새로운 비즈니스 환경에 적합하지 않다. 실제로 관료제의 종말은 수십 년 전부터 예측되었다. 세계 최고 리더십 전문가인 워런 베니스Warren Bennis는 이렇게 주장했다.

"우리의 현대 산업 세계의 조건이 관료주의의 죽음을 가져올 것이다."

그렇다면 워런 베니스, 더그 맥밀런, 찰리 멍거, 제이미 다이먼, 게리 하멜 등 위대한 사상가와 CEO들이 관료제의 종말과 폐기를 주장했으나 왜 아직도 지배적인 조직 패러다임으로 남아 있는 걸까? 관료제는 단순하고 잘 체계화되어서 어떤 산업의 관리자들도 쉽게 이해하고 적용할 장점이 있다. 해야 할 일을 계획하고, 이 목표를 구체적인 행동으로 분류하고, 직원들 간에 그 행동을 조정하는 등 여전히 이런 일이 많은 상황에서 가치가 있다고 느끼기 때문이다. 비즈니스 세계가 빠르게 디지털화되고 있더라도 여전히 규율, 루틴화 및 프로세스 효율성 등 필요한 직무가 많이 있다. 이러한 직무에 혁신이 필요하지 않다는 것은 아니지만 이 분야의 혁신은 일반적으로 효율성과 비용, 품질 및 적시성의 지속적인 개선과 관련이 있다. 실제로 효율성이 가장 중요한 공공행정 분야에 종사하는 사람들은 관료주의에 직면하는 경우가 많다. 관료제는 이러한 맥락에서 이상적으로 적합하다.

관료제가 지배적인 조직 패러다임으로 남아 있는 또 다른 이유로는 회장, 부회장, 대표 들이 권한을 빼앗기지 않으려고 하기 때문이다. 관료제 중심의 통제적 하향식 구조는 핵심 간부 및 몇 사람이 인사권과 자원할당 권한을 꽉 쥐고 있다. 이들은 절대 다수에게 권한을 위임하지 않는다. 모든 직원이 권한위임을 외치지만 그들이 쥔 의사결정을 내려놓지 않는다. 수십 년간 직원들에게 자율권을 주고 하향식 위계질서 철폐를 주장하지만, 이들은 그것을 완전히 철폐하지 않는다. 시늉만 할 뿐이다. 소수의 권력자는 자신들이 없으면 조직을 통제 및 관리할 수 없다고 생각하는 경향이 강하기 때문이다.

또 다른 이유로는 권한을 가진 사람들은 책임의 영역에서 자유롭다. 자율성을 부여하는 조직은 업무 책임이 대체로 리더에게 있다. 성과가 나오기까지 인내력도 발휘해야 하고 잦은 소통과 동기부여를 해야 한다. 하지만 관료제 속 규율과 명확한 역할로 명문화된 구조 속에서는 일을 달성하지 못했을 때 각 개인의 책임이 크다. 평소 소통과 동기부여가 부재하기 때문에 과정관리도 자율성을 부여하는 조직보다 훨씬 수월하다.

보상과의 연관성도 배제할 수 없다. 조직은 새로운 기술과 추가적인 방법론을 구현하고 조직의 효율성을 위한 규칙과 절차를 더하는 등 리더가 새로 시작한 것에만 보상을 제공한다. 불필요한 장애물을 제거하는 '빼기 전략'보다는 '더하기 전략'에 더 높은 점수를 준다. 그래서일까. 거의 모든 조직은 불필요한 규칙, 절차, 커뮤니케이션, 도구, 역할이 끝없이 늘어나면서 능률과 창의성을 억누르는 '더하기병Additional Sickness'에 시달리고 있다.[50]

관료제의 목표는 인간을 규칙화하여 인적 요소를 없애고 피와 살로 구성된 기계로 만드는 것이다. 따라서 전 세계 근로자의 약 80%가 업무에 깊이 몰입하지 않는다. 다양성, 권한위임, 멘토링, 소통력, 포용력, 자율성 등의 문제에 관심을 가지고 매일 출근하지만 사무실 문을 여는 순간 기계로 변모한다. 경영자의 대부분이 통제가 곧 조직관리라고 생각하기 때문이다. 믿기지 않겠지만 당신의 조직이 5년 또는 10년 전에 비해 규정과 통제 중심의 체계가 약해지고 자율성이 중시되었는지 스스로 물어보자. 시간이 지날수록 조직에 뿌리 깊이 스며드는 통제는 관료제의 위상을 더욱 강화한다.

관료제에서 벗어나는 법

2012년 국정 연설에서 오바마 대통령은 미국의 가장 큰 과제 중 하나가 비대해진 관료주의라고 밝혔다.

"우리 규정 중 일부가 시대에 뒤떨어지거나 불필요하거나 비용이 너무 많이 든다는 점은 의심할 여지가 없기 때문에 관료주의를 없애야 합니다. 저는 모든 연방기관에 말도 안 되는 규칙을 제거하라고 명령했습니다. 우리는 일부 낙농가가 기름 유출을 방지할 수 있다는 것을 증명하기 위해 연간 10,000달러를 지출하도록 강요했던 40년 전의 한 규칙을 없앴습니다. 왜냐하면 우유가 기름으로 분류되었기 때문입니다."

공공 부문이든 민간 기업이든 관료제는 조직을 파괴할 독특한 능력을 지니고 있다. 그렇다면 조직에서 관료적 요소를 제거하는 방법은 없을까? 아쉽게도 관료적 요소를 완전히 제거하는 것은 불가능하다. 하지만 어떤 형태로든 관료제가 시대적 산물임을 고려하여 개선되어야 한다는 것에 대해서 이의를 제기하는 사람은 아무도 없을 것이다.

먼저 이런 생각을 해보자. 조직 내 관료제가 없으면 회사는 망하는 걸까? 1958년 빌 고어Willbert Bill L. Gore가 설립한 고어텍스는 그 흔한 부사장, 전무이사, 상무이사가 없다. CEO는 동료들의 설문으로 선정한다. 출퇴근 기록 카드도, 서열과 직급도, 상사의 명령권도, 올라가야 할 '경력 사다리Career Ladder'도 없다. 하고 싶은 일은 스스로 찾아서 한다. 각자가 자율적으로 일을 찾고 열기 성을 다하는 것이 더 좋다고 회사는 확신하기 때문이다. 그럼에도 고어텍스는 경제잡지 〈페스트 컴퍼니Fast Company〉 선정 세계 최고의 혁신기업으로 선정되었으며, 1,000종이 넘는 제품을 전 세계 50개 지역에서 생산하고 있다.

고어텍스는 책임을 전가하는 관료제가 필요치 않다. 특정한 소수 인재와 직군에만 집중하지 않고 전체론적 관점에서 업무를 추진한다. 업무 현장에서 차별적 요소를 없애고 진짜 인재가 탄생하여 합당한 보상을 받도록 해준다. 개개인이 모여 위원회를 구성하고, 이 위원회를 통해 여러 기능과 각종 업무를 토론하고 일등부터 꼴등까지 순위를 매긴다. 회사에 기여를 많이 할수록 차등적으로 보상을 받는 구조다. 개개인은 상사 한둘이 아닌 20~30명의 동료로부터 평가를 받고 자신 또한 20~30명을 평가한다. 상사의 압박보다 동료의 압박이 훨씬 더 효과가 좋기 때문이다. 이러한 평가를 하면서 직원들은 최고의 인재라고 인정받는 동료들이 늘 한결같다고 느낀다. 반대로 꼴등을 차지한 동료들도 마찬가지다.

관료제하에 있는 직원들은 아이디어가 생기면 상사를 찾아간다. 팀장, 이사, 상무, 전무, 부사장, 대표에 이르기까지 같은 내용을 수없이 보고하고 기다려야 한다. 하지만 의지와는 달리 반려되는 경우가 많고 제시한 아이디어가 실행될 때도 상부에서 변화를 주도

한다. 고어텍스는 상사를 찾아가지 않는다. 찾아갈 상사도 없다. 그들은 관련 직원이나 현장에 바로 찾아간다. 모든 직원은 스스로 변화를 주도해야 함을 알고 이를 실천한다. 오스트리아 심리학자이자 정신분석학의 창시자인 지크문트 프로이트Sigmund Freud는 말했다.

"대부분의 사람은 실제로 자유를 원하지 않는다. 왜냐하면 자유에는 책임이 수반되고 대부분의 사람은 책임을 두려워하기 때문이다."

하지만 내 경험에 따르면 이는 사실이 아니다. 사람들은 자유를 원한다. 그들은 책임을 환영한다. 그리고 그들이 진정으로 훌륭한 일을 수행하기를 기대한다면 알베르트 아인슈타인이 말했듯이, '정말 훌륭하고 영감을 주는 모든 것은 자유롭게 노동할 수 있는 개인에 의해 창조된다'는 미덕이 갖추어져야 한다.

골프를 예를 들어보자. 프로 골프 선수들은 어떻게 몸값을 올릴까? 상무 골퍼, 전무 골퍼, 부사장 골퍼가 되어야 진짜 프로 골프 선수가 되는 걸까? 아니다. 지위가 높다고 다 되는 게 아니다. 개인들이 가지고 있는 열망을 성취할 수 있으면 된다. 고어텍스는 통제와 위계질서가 아닌 가치 창출과 성장을 열망하는 사람들이 자유롭게 일하면 프로 골프 선수가 될 수 있는 길을 열어놨을 뿐이다.

사실 고어텍스는 많은 사람이 인식하고 있는 대표적인 사례다. 그런데 왜 국내에서는 고어텍스 같은 기업이 탄생하지 않는 걸까? 처음에는 긍정적 의도로 시작했지만, 그것이 하나의 조직문화로 고착되기 위해서는 적잖은 노력과 비용이 소비된다. 대부분의 기업은 노력과 비용 소모의 과정을 견디지 못하고 관료제로 회귀하면서 관료제의 정당성을 합리화한다.

2020년 7월 현대기아자동차 본사 건물 1층 로비에 'Day 1 라운지'를 마련했다. Day 1은 아마존의 초심을 의미한다. Day 1은 아마존이 하는 모든 일의 중심에 고객을 누는 문회이가 운영 모델이며, 이 원칙은 20년 이상 일관되게 유지되었다. 그렇다면 Day 2가 되면 어떻게 될까? 이 질문에 제프 베이조스는 2016년 주주에게 보내는 편지에서 다음과 같이 대답했다.

'Day 2는 정체입니다. 관료제가 뒤따릅니다. 극심하고 고통스러운 쇠퇴가 이어집니다. 도태가 뒤따릅니다. 그래서 항상 Day 1입니다. Day 2를 피하기 위해 회사는 극도로 경계하고 고객에게 집중해야 하며 빠른 혁신 능력을 방해하는 관행을 차단해야 합니다.'

AI 반도체 시장의 90%를 장악한 대만계 미국인 젠슨 황Jensen Huang 엔비디아 창업자도 같은 맥락의 말을 했다.

"나는 항상 30일 뒤 망한다고 생각하면서 일해왔다."

정의선 회장이 현대자동차그룹 사옥 1층 로비에 Day 1 라운지를 만든 것은 관료제, 즉 대기업병에 걸리면 Day 2의 굴레에서 벗어날 수 없기에 위기감을 강하게 조성하기 위함이다. 아울러 Day 1 정신이 관료제를 어느 정도 방지하는 데 도움 되기 때문이다. 아마존의 14개 핵심 가치 중 첫 번째 업무 원칙인 '고객에게 광적으로 집착한다Customer obsession'는 오로지 고객만을 향해 있기에 의사결정 과정에서 경영자의 선호나 소수의 특권에 휘둘릴 여지가 없다. DE&I 전략과 마찬가지로 대기업병 탈피를 위한 노력은 단순히 세계 여성의날이나 흑인 역사의 달을 맞아 이벤트를 하는 것 이상이다. 순간을 축하하는 것은 소속감을 형성하는 데 도움 되지만 일반적으로 그것은 쉽게 증발하는 그 순간뿐이다.

고어텍스, 아마존, 현대자동차 등의 사례에서 보듯 관료제를 완전히 제거할 순 없지만 관료제를 완화할수록 더 나은 성과를 도모할 수 있다. 800개가 넘는 미국 기업의 30년 치 데이터를 분석하고 수백 명의 라인관리자와 임원을 인터뷰한 결과 기업이 관료제, 즉 통제 전략을 완화할 때 더 나은 결과를 얻는다는 사실을 확인했다.[51] 문제해결에 다양한 사람을 참여시키고, 여성과 소수 직원의 현장 접촉을 늘리고, 공정함을 장려할 때 더 효과적이다.

직접적인 이해관계자가 아닌 제삼자가 문제를 더욱 공정하게 해결해줄 거라고 판단하고 외부 컨설턴트를 고용하는 경우도 있다. 1998년까지 '국민 청바지'라 불리며 폴로, 랄프 로렌, 토미 힐피거, 리즈 클라이본의 청바지 업체 매출을 모두 합친 것보다 잘나가던 리바이스는 2001년 45억 달러로 추락했고 기업의 가치는 140억 달러에서 90억 달러로 무너졌다. 당시 리바이스는 경영방식, 생산 및 물류 배치뿐만 아니라 DE&I와 관련된 교육 및 개발도 외부 컨설턴트에게 의존했다. 공급망 추진계획 프로젝트에 착수했을 때 앤더슨 컨설팅 소속의 외부 컨설턴트는 최소 100명이 투입되었으나 총 8억 5천만 달러의 비용이 소요됐다. 제품의 배송 시간은 더욱 지연되었으며, 직원들은 과거의 성공 모델에 빠져 계속 '클래식'을 외치며 변화를 거부했다.

관료제는 항상 다른 옷을 입고 다닌다. 그만큼 관료제의 위기 양상을 정확하게 예측하고 대비하기란 쉽지 않다. 상황이 어떻게 전

개될지 모를 때 가장 좋은 방법은 외부 컨설턴트 의존보다는 기본
을 충실히 지키는 것이다. 매우 안정적인 기초로 튼튼하게 만들어
진 성벽은 어떠한 적의 공격에도 무너지지 않는다. 제방이 높고 튼
튼하면 큰 태풍을 막을 수 있다. 높은 세팅과 튼튼한 성벽도 소수의
특권이 아닌 다수의 DE&I를 향할 때 존재가치가 있다.

POINT --

관료제는 인간을 규칙화하여 인적 요소를 없애고 피와 살로 구성된 기계로 만든다. 문
제는 혁신과 변화가 절실한 환경 변화에도 많은 기업이 관료제의 굴레에서 벗어나지
못하고 있다는 점이다. 개인보다 조직을 먼저 생각하고 임직원 스스로가 개선 의지를
행동으로 옮길 때 관료제의 무게는 가벼워질 수 있다.

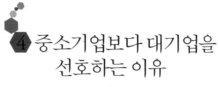

4 중소기업보다 대기업을 선호하는 이유

중소기업은 전체 기업의 약 99.8%를 차지한다. 동시에 중소기업은 국내총생산GDP 경제의 주요 원동력이자 전 세계에서 가장 큰 고용 창출에 기여하고 있다. 중소기업의 수는 물론 국내총생산에 대한 기여도, 고용에 대한 기여도가 높아짐에 따라 중소기업의 역할과 중요성은 해가 갈수록 높아지고 있다. 그런데 왜 구직자들은 중소기업보다 대기업을 더 선호하는 걸까?

대기업에서 일하는 분명한 이점 중 하나는 상대적으로 높은 급여를 포함한 다양한 보험 옵션과 복리후생의 혜택을 제공받고 무한한 발전의 기회를 얻을 수 있다는 점이다. 그러나 생존과 성장 발전을 위해서는 치열한 경쟁을 벌여야 한다. 반면 중소기업에 근무하면 공동체 의식과 가족과 같은 유대감이 더 커질 수 있다. 하지만 해마다 같거나 유사 직무를 반복 수행하면 경력이 고착화될 수도 있다.

사실 어느 것이 더 낫다는 정답은 없다.

기업	주요 활동
AT&T	• 2014년부터 DE&I 보고서 발간 • 직원, 콘텐츠, 고객, 협력업체, 지역사회 등 이해관계자별 이슈를 각각 설정해 전략적으로 접근
IBM	• 직장 내 DE&I 사례와 통계를 별도로 발간하고 있으며 자사 홈페이지를 통해 지속적으로 게재 • 뿌리 깊은 회사의 다양성 역사를 바탕으로 소외된 이들을 위한 연대와 책임에 초점
verizon√	• DE&I에 기초하여 미래를 위한 인재 유치, 직원의 잠재력과 경력 강화에 초점 • 2020년부터 인적자본보고서(Human Capital Report) 발간
NETFLIX	• 2021년 업체 최초로 자사 콘텐츠 306건을 분석한 다양성 보고서 발표 • 콘텐츠 등장인물 및 제작진 구성을 젠더, LGBTQ, 장애인으로 분석한 내용이 담겨 있으며 이는 미국 업계보다 높은 다양성을 다루는 것으로 평가

<DE&I와 투명성에 공들이는 글로벌 기업들>

그런데 눈여겨볼 점은 MZ세대의 67%가 DE&I 전략을 설정하고 DE&I 진행 상황을 직원들과 자주 공유할수록 회사를 선호하는데, 그런 기업이 대기업이 대부분이라는 것이다. 특히 중소기업은 대기업에 비해 투명성이 매우 부족하다. 직원, 공급업체 및 고객의 수가

적으면 좀 더 개방적이고 투명한 문화를 조성하는 게 더 쉬울 수 있는데, 현실은 그렇지 않은 것 같다. 공시 의무가 대기업보다 낮은 중소기업은 경영 투명성 제고를 위한 자발적인 노력이 미흡하다. 많은 조직이 투명성과 개방성에 가치 중점을 둔 경영 선언서를 멋들어지게 만들어놓고 현실은 공허한 문서로 전락하고 만다. 특히 대표이사가 직원들의 인사, 평가, 보상 승진 등에 직접적인 영향을 권위적으로 행사하는 경우 심각한 폐해가 발생할 수 있다. 오너 개인의 욕심과 이익을 위해 독단적인 의사결정이나 파행이 기업에 직접적인 피해를 줘도 어떤 제동장치도 작동하지 않았다. 오너의 막연한 의사결정에 모두 두려워하며 따라갈 뿐이었다. 그렇다. 오너가 빌런이었다. 하지만 여전히 많은 중소기업은 개방주의보다 '의심스러울 땐 기밀로 취급하라'는 비밀주의를 채택하고 있다.

돈을 주며 질문하게 하는 이유?

투명성은 어떻게 DE&I를 촉진할까? DE&I와 투명성은 어떤 관계일까? 학습 및 교육의 투명성에 관한 일리노이 이니셔티브라는 풀뿌리 평가 프로젝트에서 수행한 연구에 따르면 투명한 설계와 학생 성공 사이의 상관관계가 발견되었다.[52] 소수의 학부생과 대학원생의 학업을 지원하는 학습 관행에 관한 새로운 데이터에서 투명성을 실천하는 교수진을 둔 학생들은 학습에 도움이 필요할 때를 인식하는 능력이 향상되어 더 큰 자신감을 가지게 되었다. 또한 투명성은 학생들의 명확한 질문을 하게 만들고, 불투명한 지시에서 비롯된 혼란을 해결하며, 학생들이 두려움과 공포에 빠지기보다는 수업이나 활동에 자신감을 가질 수 있도록 도왔다.

또 다른 연구인 시카고 Discover Financial Services의 연구에 따르면 투명성이 높아지면 포용력이 높아진다는 연구 결과를 발표했다.[53] DE&I가 투명성과 결합했을 때 조직의 진행 상황을 추적하고 개선이 필요한 부분에 통찰력을 제공하며 직원들에게 공정한 직장에 대한 인식과 헌신을 보여주는 데 도움 된다. 투명성 없이는 기업이 DE&I에 필요한 체계적인 변화를 추진할 수 없다는 것이다. 투명성을 피하면 불신과 기회 상실로 이어질 수 있으며, 결국 인재가 성장하는 데 장벽이 될 수 있다.

두 연구에서 나타나듯 DE&I를 추진하는 상황에서 투명성을 제고하면 직원들이 현실과 안전하게 연결되어 있다고 느낄 수 있는 커뮤니티가 조성된다. 리더와 직원 사이의 신뢰를 구축할 뿐만 아니라 HR 전반의 형평성 격차에 대한 공유된 이해를 바탕으로 민첩한 피버팅을 가능하게 해준다.

투명성은 기업 자체가 건장하다는 확신을 안겨주는 하나의 증거다. 부모가 관대하고 포용하는 태도로 자녀를 대할 때 가정이 행복해지는 것과 다를 바가 없다. 투명성은 직원을 넘어 고객의 깊은 신뢰를 창출하고 최상의 인재들이 관심을 가지고 지원함으로써 결국 기업의 경쟁력 향상으로 이어진다. '악해지지 말자Don't be evil'는 구글의 모토만 봐도 그렇다.

네트워킹 하드웨어, 보안 서비스 등을 제공하는 미국의 다국적 기업인 시스코시스템즈는 자신들이 추구하는 가치를 전 임직원들에게 효과적으로 전달하기 위하여 다양한 방안들을 활용한다. 그러한 노력의 일환으로 분기별로 전체 회의를 열어, 회사 전체의 전략을 전 임직원들에게 명확하게 알리고 그들이 모두 참여의식을 가질수 있도록 한다. 이런 노력은 회사 규모가 점차 커지고 그에 따라 불가피한 각 부서가 점차 세분되면서 더욱 중요한 의미를 가진다. 회사의 기업문화와 가치는 사내 인트라넷을 통하여 적극적으로 홍보하며, 중요한 행사들은 웹 방송을 통하여 전 임직원의 컴퓨터로 통보한다. 이런 노력 덕분이었을까. 시스코시스템즈는 〈포춘〉이 선정한 미국에서 가장 일하고 싶은 100대 기업, 2000년에는 미국에서 가장 존경받는 기업 4위를 차지했다.[54] 시스코시스템즈의 자발적 퇴직률은 8%에 불과하다. 반면 실리콘밸리의 평균 이직률은 거의 30%에 달한다.

의료서비스 단체와 병원 등에 의료기기 및 상품을 공급하는 PSS World Medical은 100개 이상의 서비스 센터를 통하여 미국 전역과 유럽 5개국의 고객들에게 의료기기를 공급하고 있는 유통업체다. PSS는 재무 관련 정보를 모든 직원에게 공개하여 투명한 회계 경영을 실천하고 있을 뿐만 아니라, 직원들이 언제든지 자신의 의견을 밝히고 궁금한 사항을 문의할 수 있는 자유로운 분위기를 조성한다. 켈리 사장을 비롯한 임직원들은 각 영업 지점에서 열리는 회의에 참석할 때 2달러짜리 지폐 뭉치를 들고 가서 질문하는 사람들에게 나눠준다. 이때 직원들은 어떠한 질문이든 자유롭게 할 수 있으며, 임원들은 반드시 답변을 해준다.

시스코시스템즈, PSS World Medical 등 글로벌 기업들이 앞다

뭐 투명성을 중요하게 생각하는 이유는 뭘까? 글로벌 인재들이 요구하는 혹은 기업이 성공하는 데 필수적인 세 가지 핵심 요소인 신뢰, 참여, 책임을 가능하게 한다. 이러한 세 가지 특성을 통해 확보된 핵심인재들은 글로벌 경제를 가속화하고 수익 차출에 중추적인 역할을 수행한다. 또한 투명성은 또한 직원 간 협업을 크게 증가시켜 참여도와 생산성을 높인다. 이는 중견기업 이상의 CEO를 대상으로 한 IBM의 연구에서도 명백히 드러났다. 연구 결과, 더 높은 수준의 개방성과 투명성을 최우선 과제로 실행하는 경우 좀 더 협력적인 업무 환경의 중요성이 2년 동안 거의 두 배로 증가한 것으로 나타났다.[55] 투자부터 직원 만족도, 고객 충성도, 더 나은 사회적 · 환경적 책임에 이르기까지 투명성은 더 나은 비즈니스를 위한 열쇠가 될 수 있다.

투명성 제고를 위한 방법

투명성은 단순한 윤리적 가치 그 이상이다. DE&I를 촉진할 뿐만 아니라 비즈니스 전반에 투명성을 내장하면 비즈니스가 더 매력적이고 경쟁력이 높아지며 성장에 더욱 잘 대비할 수 있다. 투명성을 제고하기 위한 실제적인 방법은 무엇이 있는지 살펴보자.

가장 먼저 대표가 가진 권력을 내려놓고 위임해야 한다. 권한위임은 단순히 일을 넘기는 것이 아니라 직원들에게 자기 기술을 발전시키고 더 큰 방식으로 회사에 기여할 기회를 제공하는 것이다. 한때는 최고 권력을 지닌 리더가 조직이 성공하는 데 필요한 모든 것을 쥐고 있던 때가 있었다. 하지만 그런 시대가 존재했었다 할지라도 이제 그 시대는 가고 없다. 더 큰 권력이 주어지면 조직생활에 체계를 부여하는 힘이 될 수 있지만, 이는 모든 직원이 완전히 동의할 때만 유지될 수 있다. 자신이 가진 권력이 어떤 의미가 있는지 인식하지 못한 채 그 권력을 자신의 성취 도구로 활용한다면 조직 내 공정성과 포용력은 무너진다. 불안한 조직문화를 조성할 뿐만 아니라 결국 권력자의 신뢰도 무너진다. 본질적으로 신뢰는 얻기 힘든 것이고, 잃기 쉬운 것이다. 그런데 한 번 잃고 나면 되찾기란 거의 불가능하다. 신뢰가 없으면 리더의 모든 행동은 의심받는다. 능력이나 자격도 없이 부당하게 권력을 차지한 사람들은 협박, 심리적 압박 등 언어적 무력을 사용해 권력을 지킬 수밖에 없다. 권력을 과시하는 사람일수록 결국 권력에 의해 망할 공산이 크다.

둘째, 코카콜라의 제조법과 같은 영업비밀을 제외한 모든 내용은 이해관계자와 고객에게 투명하게 공개해야 한다. 정보를 공유할수록 책임과 협업이 증가하며 직원과 고객 모두에게 더 큰 신뢰가 구축되고 평판이 향상된다. 나아가 더 생산적이며 수익성 높은 작업 환경을 조성할 수 있다. 미국의 PR컨설팅 회사인 에델만Edelman의 글로벌 신뢰 설문조사 결과, 응답자의 82% 이상이 신뢰를 구축하려면 CEO가 투명해야 한다고 밝혔다.[56] 고객의 94%는 투명성을 입증한 브랜드를 더 신뢰한다. 고객에게 투명성을 부여하는 가치는 제품에 대해 더 큰 비용을 낼 준비가 되어 있다는 뜻이다. 연구에 따르면 최대 4분의 3의 고객이 투명성이 높은 브랜드 제품에 대해 더 큰 비용을 낼 것이라고 나타났다.[57] 구인 광고 시에도 급여를 표시하면 더 많은 지원자가 지원한다. 급여 정보를 투명하게 밝히는 것은 성별 및 다양성 급여 격차를 줄이는 데도 도움 된다.

셋째, 침묵은 독毒이다. 1970년대 말 미국 자동차 시장에서 일본 자동차 기업들이 미국 시장 점유율을 빠르게 확대해가고 있을 때 디트로이트의 GM 최고경영진은 호화 사무실에서 창밖을 보며 이렇게 말했다.

"저기 큰 차들을 봐! 미국인들이 작은 차를 원한다고 누가 말하겠냐고?"

일본은 미국을 제치고 세계 최대의 자동차 생산국 지위에 오르게 되었지만, GM의 최고경영진 앞에 침묵을 지켰다. 이러한 현상을 '골든 보이 신드롬'이라고 한다.[58] 자신에게 신과 같은 능력이 있기 때문에 변화를 꾀할 이유가 전혀 없다고 믿는 것이다.

불투명한 조직은 침묵을 낳고 침묵은 순종을 낳는다. 자신의 목소리를 내고 싶어도 먼저 권위적 리더의 보복에 대한 두려움 때문에 침묵으로 일관한다. 해결책이 없다면 문제가 있어도 말하지 말라는 조직도 있다. 이러한 패턴에 반복되면 침묵은 조직의 기본 계율로 자리 잡게 되어 조직이 운영되는 방식에 중대한 영향을 미칠 수 있다. 결국 직원들이 침묵을 시작하면 리더는 큰 리스크를 예방하기 위한 다양한 정보를 얻지 못한다. 마틴 루터 킹 주니어는 이렇게 말했다.

"문제가 있는 일들에 대해 우리가 침묵하기 시작하는 날부터 우리 인생은 끝나기 시작한다."

침묵이 독이 아닌 금이 되기 위해서는 어떻게 해야 할까? 전쟁

역사학자인 빅터 데이비스 핸슨Victor Davis Hanson의 책《살육과 문명 Carnage and Culture》에는 제2차 세계대전 당시 미국이 일본을 이길 수 있었던 이유는 미군이 일본군보다 먼저 암호를 해독했기 때문이라고 한다. 암호를 해독하기 위해서는 수학과 통계학에 밝고 패턴이나 창의적인 사고를 요구한다. 일본군이 암호 해독에 실패했던 이유는 너무 규율적이었기 때문이다. 실제 미군에서 암호를 해독한 사람은 로치포드와 새퍼드였다. 당시 로치포드는 개인주의적인 행동으로 튀었지만, 미군은 그를 수용했다. 집단의 지배적인 견해에 정반대의 의견을 낼 수 있는 인적 다양성이 확보되어 있기 때문에 가능한 결과였다. 미국의 인류학자인 마거릿 미드Margaret Mead는 말했다.

"소수의 시민이 세상을 바꿀 수 있다는 사실을 의심하지 말라. 실제로 세상을 바꾼 사람들은 소수의 시민이었다."

앞으로 투명한 조직의 성공 여부는 침묵하는 소수의 목소리를 어떻게 관리하느냐에 달려 있다.

DE&I가 글로벌 트렌드로 자리 잡으면서 점점 더 많은 기업이 투명성의 길을 선택하고 있다. 거기엔 두 가지 이유가 있다. 첫 번째는 선택의 여지가 점점 줄고 있다. 두 번째는 투명성이 좋은 경영 성과를 가져온다는 것이다. 분명히 기억하자. 투명성은 단순히 잠깐 지나가는 젊은 세대의 패션 트렌드 같은 것이 아니다.

공시 의무가 대기업보다 낮은 중소기업은 경영 투명성 제고를 위한 자발적인 노력이 미흡하다. 중소기업이 경쟁력을 갖기 위해서는 리더는 권한을 위임하고 모든 정보를 투명하게 공개해야 한다. 투명성은 선택의 문제가 아닌 생존의 문제다.

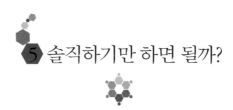

5 솔직하기만 하면 될까?

기획한 내용에 대한 경영진 보고를 마치고 나오면서 팀원에게 물었다.

"어땠어요?"

"좋았습니다."

"빠뜨린 내용이 있거나 아쉬운 점은 없었고? 솔직하게 피드백 좀 해봐요."

"네, 특별한 건 없었습니다."

요즘 DE&I가 중요해지면서 솔직하게 말하는 문화에 대한 관심이 높다. 진짜 실력을 갖추지 못하고서는 성공을 거머쥐기 힘들어진 시대인 만큼, 한 개인과 기업의 가치를 제고하는 일에 거침없는 '솔직함'이 중요해진 것이다. 그러나 누군가의 아이디어와 실력을 냉철하게 바라보고 과감히 딴지를 걸기란 생각처럼 쉽지 않다. 그

대상이 수직관계의 상사라면 더더욱 그렇다. 그래서 직급이 높아질수록 솔직한 피드백을 받는 것이 점점 더 어려워진다.

'내가 느꼈던 문제를 솔직하게 얘기하면 상사가 기분 나빠하겠지?'

머릿속이 복잡한 부하직원은 서두의 사례처럼 의미 없는 칭찬이나 괜찮다는 말만 되풀이하며 대충 둘러대는 식으로 넘겨버린다.

물론 솔직함을 기반으로 한 피드백의 문화를 높은 수준으로 실천하고 있는 기업들도 있다. 구글, 애플 등에서 조직생활을 했던 팀장 리더십 전문가 킴 스콧Kim Scott은 《실리콘밸리의 팀장들》을 출간하며 '완전한 솔직함Radical Candor'이라는 용어를 대중적으로 알렸다. 그는 실리콘밸리에서 성공한 리더들은 듣기에 불편한 이야기를 할지라도 솔직히 말하고 이를 빠르게 반영한다고 강조한다.

넷플릭스 전 최고인재책임자 패티 맥코드Patty McCord가 쓴 《파워풀Powerful》에서도 회사가 무엇을 도전하고 있는지, 현재 어느 단계에 있는지 등을 수시로 직원에게 알려주고 극도의 솔직함으로 피드백을 받으라고 조언한다. 넷플릭스가 시리즈물의 에피소드를 한 편씩 내놓는 것이 아니라 시리즈 전체를 한꺼번에 공개하는 '전 회차 공개 방식'을 택하고 이를 통해 빠르게 성장할 수 있었던 것도 신입사원 직원 교육에서 회사의 콘텐츠 배급 방식에 "바보 같아 보이는데요"라고 비판한 직원의 지적이 있어서 가능했다.

사례만 보더라도 DE&I는 솔직한 피드백 문화와 잘 어울리는 것 같다. 인력이 다양할수록 모두의 의견을 듣는 것이 더 유익하고 그만큼 성공할 가능성도 커지기 때문이다. 그렇다면 우리는 얼마나 더 냉철하고 솔직해져야 할까? 어떻게 하면 리더와 다양한 구성원이 건설적인 피드백을 주고받으며 성장할 수 있을까? 이러한 고민에 앞서 우리는 피드백에 가지고 있는 잘못된 믿음부터 과감히 깨트려야 한다. 피드백 행위 자체에만 너무 집중할 뿐, 도대체 이러한 피드백을 왜 해야 하는지, 피드백이 항상 효과적인지 제대로 이해하고 있는 사람은 많지 않아서다.

피드백에 대한 환상을 깨라

경력 차이가 거의 없는 두 직원이 있다. 한 직원은 피드백을 거의 요청하지 않는 타입으로, 산출물 검토나 정보의 한계로 의견을 구하는 것이 전부였다. 반면 다른 한 명은 돌다리도 두드리고 건너자는 심산으로 빈번히 피드백을 요청하는 타입이었다. 1년 정도 지난 후, 누가 더 성장했을까? 수시로 피드백을 요청했던 직원? 아쉽게도 예측이 빗나갔다. 피드백 없이 일한 직원이 여러 방면에서 월등한 역량을 보였다. 물론 다른 요인도 있겠지만, 피드백에 대해 다시금 생각해보는 계기가 되었다.

자, 이제 피드백에 대해 가지고 있는 우리의 잘못된 믿음을 바로잡자. 피드백이 가진 첫 번째 문제는 인간은 다른 인간을 객관적으로 평가하지 못한다는 점이다. 당신의 평가 중 절반 이상이 당신의 개성을 반영하고 있는데, 이를 '평가자 특성 효과Idiosyncratic Rater Effect'라고 부른다.[59] 이 때문에 피드백에 관한 다양한 교육이 있음에도 현실적인 어려움이 생기는 것이다. 평가자 특성은 워낙 회복탄

력성이 크기 때문에 훈련을 받는다고 해도 개성이 잘 지워지지 않으며, 이는 피드백이 사실보다 더 왜곡될 수 있음을 시사한다.

의사가 병실에 입원한 환자에게 1~10점 중 고통의 정도가 몇 점인지 묻는다고 치자. 수사 낮을 내 고통이 3, 산통은 8 정도라고 했을 때, 환자가 5점이라고 말하면 의사는 그에 걸맞게 처치할 것이다. 문화적 차이로 5점이 진짜 5점이 아니라고 말하는 것도, 다른 의사들과 평가 세션을 열어 나의 5점이 다른 환자의 5점과 같은지 입증하는 것도 의미가 없다. 의사는 환자 본인이 고통을 가장 정확하게 평가할 수 있다고 보는 것이고, 그 때문에 고통의 정도에 대한 평가는 의사가 아닌 환자가 하는 것이다. 의사가 당신의 고통 정도를 정확히 알지 못하듯 우리가 당신에 대해 객관적으로 평가하는 것은 사실상 불가능하다. 다만 우리는 우리의 경험, 감정, 반응을 공유하고 우리와 비교해서 어느 정도인지 말해줄 수 있을 뿐이다.

두 번째 문제는 탁월함을 위해서 피드백이 꼭 필요하다고 믿는다는 것이다. 우리는 직장생활을 하면서 탁월함을 추구한다. 탁월하다는 것을 정의하기는 쉽지만, 탁월함에 이르는 방법을 찾기란 쉽지 않다. 즉 탁월한 성과는 보편적이고, 분석 가능하며, 묘사가 가능하지 않다.

또한 탁월함은 실패와 반대되는 개념이 아님에도 대부분의 사람은 그렇다고 착각한다. 우울증을 없앤다고 해서 즐거움이 더 커지는 것은 아니다. 퇴사자들의 인터뷰는 다른 직원들이 왜 회사에 남아 있는지를 설명하지 못한다. 실패에 대한 피드백은 실수나 부족함을 보완하게 할 수는 있지만 탁월함에 이르는 방법은 알 수 없다.

여기서 주목해야 하는 점은 탁월함을 특이한 특성을 가졌고 실패를 통해 배울 수 없다는 사실이다. 집필하고 있는 글에서 문법적 오류를 찾고, 저자에게 다시 고치라고 했다고 하자. 문법적으로 나은 결과물을 얻을 수 있지만, 이것으로 독자에게 감동을 주는 책이 될 순 없다. 따라서 하나의 잘 구축된 모델에 누군가를 꿰맞춰 도움을 줄 수도 없고 잘못하는 부분에 대한 피드백을 줄 수도 없다. 이러한 방법은 적당한 수준의 성과만을 이루게 한다.

진짜 솔직함이란?

피드백은 필요하다. 그 대신 피드백이 효과가 있으려면 피드백을 주는 사람과 받는 사람, 즉 모든 구성원이 피드백을 주고받는 데 디테일이 매우 중요하다. 특히 여러 세대가 함께 일하는 팀을 이끌고 있다면 피드백을 언제 어떻게 제공해야 하는지 원칙과 기준을 정하는 것이 피드백에 대한 다양한 기대치를 충족하는 가장 좋은 방법이다.

또한 단점이나 실패를 중심으로 피드백하는 것은 무력감에 빠지게 만들 수 있다. 따라서 직원이 크든 작든 좋은 결과를 만들어냈을 때 "그래 그거지!"라고 말함으로써 그가 인사이트를 얻고, 그 과정에서 스스로 깨치고 조정하면서 자기 것으로 만들어 성장한다. 이것이야말로 진정한 학습이다. 피드백은 성장 사고방식에 기반을 두고 비난하거나 옳다고 생각하기보다는 학습과 일을 촉진하려는 의도일 때 가장 효과적이다. 이러한 성장 마인드셋 피드백은 포용력과 심리적 안정감을 높이는 데 도움 된다.

Instead of saying this (이런 말 대신)	Let's give feedback like this (이렇게 피드백하자)
"이 부분 수정해야 해."	"나는 이렇게 하니까 효과가 있었어. 그 이유를 알려줄게."
"논리적으로 말하는 스킬이 부족해."	"이 부분부터 나는 이해가 명확하게 되지 않더라."
"너의 생각을 구체적으로 말해봐."	"네가 자세히 얘기하지 않으면, 우리가 똑같이 이해한 게 맞는지 걱정이 된다."
"이렇게 해봐."	"예전에 같은 상황에 놓였을 때 효과적인 방법은 무엇이었을까?"

지속적인 평가를 받는 환경에 놓인 사람들은 결국 보통의 결과만 내놓을 수 있다. 그래서 많은 경우 피드백이 오히려 해로울 수 있다. 솔직함에 기반하되 때론 실책을 눈감아주는 것도 상당한 진실성이 있어야 함을 잊지 말아야겠다.

POINT --
피드백이 꼭 필요한 것은 아니다. 때로는 피드백 없이 일한 직원이 여러 방면에서 월등한 역량을 보이기도 한다. 피드백이 효과가 있으려면 피드백을 언제 어떻게 제공해야 하는지 원칙과 기준을 정하고, 그 과정을 통해 스스로 깨치고 성장하는 진정한 학습의 장이 되어야 한다.

Part 4

조직 내 DE&I 내재화하기

걷는 자여, 길은 없다.
길은 걸어야 만들어진다.

_안토니오 마차도Antonio Machado, 에스파냐의 시인

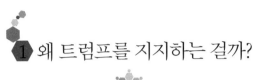

1 왜 트럼프를 지지하는 걸까?

미국 대통령 중 가장 비호감도가 높은 사람은 누구일까? 여론조사기관 갤럽은 미국 전국의 성인 남녀 1,032명을 대상으로 조사한 결과, 도널드 트럼프의 비호감도는 55%로 집계됐다. 이는 버락 오바마 대통령 취임 직전의 18%에 비해 3배 이상 높은 것이자 이전 조지 W. 부시, 빌 클린턴 대통령 때의 36%, 26%보다도 월등히 높은 것이다.[60] 또 다른 여론조사기관 퓨리서치Pew Research에 따르면 전 세계 70%가 도널드 트럼프를 신뢰하지 않는 것으로 나타났다.

이런 압도적인 비호감에도 상당수의 미국 국민이 트럼프를 지지하는 이유는 뭘까? 바로 '소속감belonging'이다. 트럼프는 그의 특유한 표현 방식으로 소속감을 공략했다. 주로 1인칭 복수로 공통점이 없지만 '우리가we', '우리를us'을 외치며 결속력을 다졌다. 그뿐만 아니라 반복해서 '국민people'을 언급했다. 그 덕분에 유세 현장에 있는 많은 사람은 자신도 속해 있다고 느끼게 됐다.

80년 전, 행동주의 심리학자 에이브러햄 매슬로Abraham Maslow는 동기부여이론을 발표했다. 이 이론은 많은 사람에게 '욕구계층이론'이라는 더 친숙한 이름으로 알려져 있는데, 오늘날에도 여전히 유효하다. 욕구계층에서 소속감과 애정의 욕구는 세 번째 단계에 존재한다. 생리적 욕구와 안전 욕구가 어느 정도 충족되면 소속감이나 애정 욕구가 지배적인 것으로 나타난다. 소속감과 애정 욕구는 특정한 사람들과 친밀한 관계를 맺고, 어떤 집단에 소속되고자하는 욕구다. 한마디로 집단을 만들고 그 집단의 동료로부터 받아들여지고 싶은 욕구다.

미국인은 평생 평균 12차례 직장을 바꾸고 12차례 집을 이사한다. 이러한 수치는 삶에 혼란을 초래하고 소속감을 느끼는 것을 점점 더 어렵게 만든다. 과거에 공동체에서 느꼈던 유대감을 상실한 사람들은 어딘가에 소속되기를, 무언가의 일부이길 갈망한다. 트럼프는 이 갈망을 충족해주었다. 트럼프는 집권 후 첫 3년 동안 70차례 집회를 열었다. 코로나19 팬데믹의 정점에 달했을 때도 예외는 아니었다. 물론 트럼프가 인간의 소속 욕구를 이용한 최초의 정치인은 아니다. 하지만 다른 정치인과는 달리 트럼프의 집회는 질적으로 달랐다. 트럼프의 집회는 아빠, 아들, 할아버지, 할머니 등 삼대가 참석하는 가족 행사였다. 일상복이 아닌 MAGAMake America Great Again 모자를 쓰고 붉은 옷차림을 한 참가자들이 인산인해를 이루었다. 트럼프 지지자들은 MAGA 모자를 쓸 때 "우리는 트럼프의 미국에 속해 있습니다. 이것이 우리의 적들을 더 화나게 할수록 우리가 더욱 속해 있다는 느낌을 갖게 됩니다"라고 말한다. 우리 자신 보다 더 큰 무언가의 일부이고자 하는 소망은 진화적 관점에서 기본적인 욕구다.

코로나19 상황 속에서 사회적 고립감을 경험했고, 흑인 미국인이 경찰에 의해 살해되고, 아시아계 미국인에 대한 증오범죄가 급증하고, 조지아 사람들이 평등한 투표권을 위해 싸우는 것을 보면서 소속감이 무엇을 의미하는지에 대한 질문은 미국 사회를 넘어 세계 전반에 영향을 미치고 있다. 4차 산업혁명에 따른 전혀 다른 조직의 변화로 말미암아 CEO, 이사회, 투자자, 고객, 직원 들은 인종적 불의에 맞서 조치하고 있으며, 인종이나 민족 정체성에 관계없이 모든 직원이 속한 좀 더 공평한 직장으로의 전환을 촉구하고 있다.

DE&I를 넘어 DEIB로

소속감이란 모든 직원이 직장에서 인정받고, 가치 있고, 존중받는다는 느낌을 갖는다는 것을 의미한다. 모든 직원이 실패나 보복에 대한 두려움 없이 편안하게 자신을 표현할 수 있는 상황에서 심리적 안정감을 조성하는 것이다. 회사나 팀에서 얼마나 오랫동안 근무했는지와는 관계없이 그들은 환영받고 필요하다고 느껴야 하며 다른 사람들과 동일한 동료애와 기회를 받아야 한다.

소속감과 포용력의 용어 개념에서 혼동을 느끼는 이가 있는데, 이 두 용어는 같으면서도 다르다. 포용력이란 공정하고 투명한 직원 정책, 신입사원이나 경력자의 조기 사회화를 위한 온보딩 정책,

172

직원들의 아이디어와 의견에 귀를 기울이도록 보장하는 등 경영자가 취하는 조치를 의미한다. 반면, 소속감은 포용력을 보여준 행동이 직원들에게 어떤 느낌으로 다가가는지와 관련이 있다. 즉, 포용력에 의해 발휘된 노력과 행동의 결과물이 소속감인 것이다. 소속감이란 직원들이 직장에서 보고, 듣고, 존중받고, 가치 있다고 느끼는 것을 의미한다. 또한 소속감은 자신이 소속되고 가치 있다고 느끼기 때문에 경험하는 내재적 동기와도 관련이 있다. 직원들은 자신이 하는 일을 즐기고, 그것이 가치 있고 흥미롭다고 생각하며, 성취감을 느낀다. 몸과 마음이 긴밀한 연관성을 지니듯 포용력과 소속감은 심신일여心神一如와 같다. 조직이 포용적이지 않으면 사람들이 소속감을 느끼기가 매우 어려울 것이다. 그러므로 직원들이 행복을 느끼며 업무에 몰입하는 데 도움 되는 소속감을 조성하려면 강력한 포용력이 필수적이다. 따라서 DE&I는 소속감을 높이는 데 도움 되는 필수 구성 요소다. 심리학자들은 소속감에 대한 욕구와 사랑에 대한 욕구를 동등하게 평가한다. 소속감은 보편적이고 근본적인 인간의 욕구이기 때문에 이에 초점을 맞추면 DE&I 구축 과정에서 배제되거나 위협을 느낄 사람들까지도 끌어들일 힘이 있다. 더불어 직장에서 가장 소외된 그룹에 대한 더 큰 공감과 포용을 위한 다리를 구축하게 된다.

2020년 대학 교육을 받은 수천 명의 전문가를 대상으로 설문조사를 한 결과, 소속감이 고용주에게 경쟁우위를 제공한다는 사실을 발견했다.[61] 낮은 소속 점수를 받은 직원에 비해 소속 점수가 높은 직원은 참여도와 충성도가 훨씬 더 높았으며 자기 조직을 적극적으로 홍보할 가능성이 크게 나타났다. 반면, 직원들이 소속감을 느끼지 못하면 고립감과 분리감을 경험할 가능성이 더 크며, 이는 생산성과 전반적인 직무 만족도에 부정적인 영향을 미쳤다.

이런 장점에도 소속감의 의미를 제대로 실현하는 기업은 많지 않다. 〈하버드 비즈니스 리뷰〉에 따르면 DE&I 교육에 매년 약 80억 달러를 지출하고 있음에도 오늘날 직원의 40%가 직장에서 고립감을 느끼는 것으로 나타났다.[62] 소속감이 없으면 직원은 조직에 장기적으로 일하거나 머물기를 원치 않는다. 이러한 속성과 중요성 때문에 DE&I가 확장된 DEIB의 용어가 나오게 된 것이다.

소속감을 필요로 하는 이유?

안방극장에서 '먹방(먹는 방송)'과 '쿡방(요리하는 방송)' 프로그램이 넘쳐난다. 그렇다면 시청자들은 왜 이런 프로그램에 열광하는 걸까? '외로움 경제Loneliness Economy'가 도래되었기 때문이다. 2020년 한 연구에 따르면 먹방 시청은 외로움을 완화시키는 것으로 나타났다.[63] 먹방을 시청하는 사람은 주로 혼자 사는 사람이 많은데 이들은 유튜브나 TV 화면을 보면서 자신의 외로움을 달래며 또 다른 사회성을 경험하는 것이다. 먹방을 보는 시청자는 프로그램이 마음에 들면 별풍선을 보낼 수 있다. '같이 먹는 기분이에요', '감사합니다. 별풍선 열 개 보내셨네요' 하는 식의 쌍방향 실시간 댓글은 상당 수준 외로움을 완화해준다. 하지만 한계는 있다. 일상생활이 갈수록 비접촉으로 설계, 발전되는 과정에서 현실의 관계를 떠나 유튜브, 인스타그램, 트위터, 틱톡 등 가상의 상호작용 공간에서 대화에 참여하라는 종용은 빈약한 모사에 그칠 수밖에 없다. 그도 그럴 것이 우리는 하루 평균 144회 스마트폰을 확인하며 일일 평균 4시간 37분(Z세대는 하루 평균 6시간 5분 사용)[64], 1년에 약 1,685시간 동안 사용하며 서로 연결되었다고 생각하지만 외로움을 느낀다. 이 것이 21세기 외로움의 본질이다. 스마트폰은 우리의 애인이자 불륜 상대다. 진짜 외로울 땐 우리는 함께 있지만 혼자다. 우리가 서로의 모습을 눈으로 직접 보고 듣고 몸짓이나 분위기 등 비언어적 행위 들을 포착할 수 있을 때 비로소 공감과 소속감이 생기게 된다. 디지 털이 대세가 된 비접촉 시대에 소속감이 특히 더 중요한 이유다.

미국 최대의 음악 축제라 불리는 코첼라 밸리 뮤직 페스티벌 Coachella Music Festival이 있다. 2주간에 걸쳐 6일 개최되는데 하루 평균 약 12만 5,000명, 6일간 총 75만 명이 행사장을 찾는다. 비용은 셔 틀 버스비를 포함해 700달러가 넘는다. 사람들은 고비용에도 행사 에 참가하는 이유를 이렇게 설명한다.

"결국 우리가 진정으로 원하는 것은 무언가의 일원으로 느껴질 수 있는 곳, 즉 소속감을 느낄 수 있는 곳이 아닐까요? 비록 기간이 단 일주일에 지나지 않는다 해도 말이죠."

스타벅스는 본사 정책상 진동벨 사용을 금지하고 있다. 브리티시 컬럼비아대학교 사회학자 질리언 샌드스톰Gillian Sandstorm과 동료의 연구에서 스타벅스에 근무하는 바리스타의 절반에게는 고객과 친 근하게 담소를 나눠달라고 지시했고, 다른 절반에게는 불필요한 대 화를 피해달라고 지시했다. 연구 결과, 고객과 대화를 나눈 시간은

30초도 채 되지 않았지만 대화하지 않거나 참여자보다 짧은 시간이지만 대화를 한 참여자가 더 높은 수준의 행복감과 연결감을 느낀다고 응답했다. 행위가 진정성이 있든 연출되었든 상관없이 스치듯 지나가는 관계조차도 외로움 같은 정서에 긍정적 변화를 불러올 수 있다.

모든 인간은 특정한 사람들과 친밀한 관계를 맺고, 어떤 집단에 소속되기를 원한다. 그 소속의 욕구는 경제가 어렵고 취준생과 실업자가 급증할수록 강해진다. A라는 청년이 있다. 그는 180센티미터가 넘고 날씬한 체격에 지적인 인상을 주었지만, 수년간 실업자로 지냈다. 그는 삶을 포기하고 싶을 때 자신의 느낌을 이렇게 표현했다.

'나를 위한 자리는 어디에도 없었다. 나는 생존하기 위해 끔찍한 고통을 감내하며 누구보다 열심히 일했다. 하지만 대학을 마치고 1년간 실업자로 지냈다. 실업자의 기간은'자꾸 늘어나 5년이 넘었다. 몸은 부서지고 이 나라는 나를 포용하지 않았다. 나를 원하는 곳은 어디에도 없다. 이런 내 인생은 아무런 희망이 없다. (중략) 그런데 바로 그때 나는 히틀러를 만났다. 내 인생은 새로운 의미로 가득 채워졌다. 나는 독일의 부활을 위해 몸과 정신을 다 바쳤다.'

이 이야기의 주인공은 히틀러의 전사로 활동했던 빌헬름이다. 외로움은 개인적인 질병 차원이 아닌 우리 사회에 가장 큰 사회적 문제. 정치색과 상관없이 모든 사회 지배계층은 이 문제에 대한 답을 찾아야 한다. 사회적 취약 계층이 주변으로 더 밀려나지 않도록 포용력과 소속감을 높이는 환경을 조성해야 한다.

소속감을 높이는 방법은?

소속감을 높이기 위해서는 어떻게 해야 할까? 가장 쉬운 방법은 직원들에게 직접 물어보는 것이다. 간편하게 직원의 소속감과 만족도를 측정하기 위해 '순추천 지수eNPS, employee Net Promoter Score'라는 강력하면서도 간단한 도구를 활용하면 된다. 애플, 아메리칸 익스프레스, 사우스웨스트 항공, 할리 데이비슨, 코스트코 등 수많은 글로벌 기업이 이 툴을 활용한다. eNPS의 측정 방식은 매우 간단하다. 직원들에게 '우리 회사를 당신의 친구나 주변 사람들에게 추천하시겠습니까?'라고 묻는다. 그리고 응답 직원 중 10점 척도에서 9~10을 선택한 직원(추천 직원)의 비율에서 0~6을 선택한 직원(비추천 직원)의 비율을 빼면 eNPS 값이 나온다. '적극 추천하겠다'는 답이 많을수록 좋은 값이, '보통' 또는 '추천하지 않겠다'는 답이 많으면 나쁜 값이 나온다. 소속감이 높은 조직은 직원 순추천 지수가 더 높은 것으로 나타난다.

이런 간편한 측정 도구가 있더라도 이를 실제 실행하는 것은 쉽지 않다. 최고경영진을 비롯한 C-Level에서 확고한 믿음과 이에 따른 결단이 없으면 불가능하기 때문이다. 거꾸로 말하면, 이를 지속적으로 추진해 성공한 극소수 기업은 직원의 만족도를 높이고 고객의 충성도를 제고함으로써 동종 업계의 최고 성과를 달성할 수 있다는 얘기다.

맥킨지 대퇴직 보고서에 따르면 직원들이 진정 원하는 것은 조직과 리더와의 관계 개선을 통해 얻어지는 연결감과 소속감이라고 강조했다. 퇴사한 직원들의 절반 이상이 조직(52%)이나 리더(54%)

로부터 자신이 소중하고 가치 있는 존재라는 느낌을 받지 못했다고 응답했다.[65] 더 큰 문제는 퇴사자가 느끼는 고립감이 갈수록 커진다는 것이다. 2017년 40%에서 2020년에는 51%로 늘어났다. 과반 이상의 퇴사자들은 조직의 일원이라고 느끼는 소속감이 부족했다고 응답했다. 이런 경우 직원들의 소속감을 높이고 인간적인 대우를 받는다고 느끼게 만들기 위해서는 직원과의 관계를 개인화할 필요가 있다. 연봉 인상, 일회성 보너스 지급, 획일적인 출퇴근제도, 일괄적인 복리후생 정책 등과 같이 모든 직원에게 동등하게 제공되는 대량 시장 접근방식에서 벗어나 리더는 직원 개개인들과 소통하고 그들이 무엇을 가장 중요하게 생각하는지 파악하고 개인화하도록 노력해야 한다. 예를 들어, 어린 자녀가 있는 직원의 경우 헬스장 보조금 대신 가정 청소 서비스 보조금을 지급하거나 자녀와 함께 점심을 먹을 수 있는 현장 보육 서비스에 투자하는 등 개인별 차별화된 보상을 제공할 수 있다. 모바일 금융플랫폼 토스는 염색 시술, 출근길 모닝커피 주문, 옷 수선, 택배 발송 등 직원들도 외우기 벅찰 정도로 복리후생제도가 다양하다. 그도 그럴 것이 전체 연령을 대상으로 연봉과 복리후생제도의 중요도 조사를 한 결과 전체 응답자 중 53.9%가 연봉이 중요하다고 응답했다. 하지만 Z세대의 55.2%는 연봉보다는 복지가 더 중요하다고 답했다.[66] 그만큼 복리후생제도가 직원들의 입사와 퇴사율에 영향을 미칠 만큼 직장 선택에 상당한 영향을 주고 있다는 증거다.

소속감을 쌓아 올리는 또 다른 방법 중 조직의 화합을 방해하고 단절시키는 독사과를 제거하는 것이다. 아마존이 인수한 신발 직구

쇼핑몰인 자포스는 신규 입사자 교육이 끝나고, 입사자에게 지금 그만두면 2,000달러를 주겠다고 제안한다. 이 제안을 받은 입사 예정자의 10%가 수용했다. 전설적인 고객서비스, 세계 유일의 기업 문화로 알려진 자포스라도 독사과는 존재하게 마련이다.

독사과를 골라냈으면 우리는 모두 한배를 탔다는 인식을 심어줘야 한다. 다양성의 역설 중 하나는 사람들은 겉으로는 서로 다른 것 같지만 실제로는 인간으로서의 공통점도 많다. 업무하는 과정에서 느끼는 기쁨, 고통, 슬픔, 감사, 두려움, 행복, 분노 등의 감정을 공유하면 서로에게 연민을 가진다. 연민을 갖고 문제를 다루다 보면 상대방이 오해했을 가능성을 항상 열어두고 공통점을 찾는 데 집중한다. 그 과정에서 소속감을 느끼게 되고 더 많이 교류하게 된다. '저들'이 아닌 '우리'라는 인식을 품고 말이다.

POINT ···
모든 인간은 특정한 사람들과 친밀한 관계를 맺고, 어떤 집단에 소속되기를 원한다. 기술이 발전하고 양극화가 심화할수록 그 욕구는 더욱 커진다. 독사과를 제거하되, 직원의 추천 지수를 높이고 공통점을 찾아 더 많이 교류할 환경을 조성해야 한다.

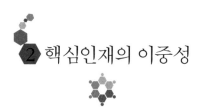

2 핵심인재의 이중성

오늘날 점점 더 다양해지는 세상에서 DE&I를 조직 내 조성하는 것은 도덕적 의무일 뿐만 아니라 전략적 이점이기도 하다. DE&I를 우선시하는 기업은 더 혁신적이고, 더 나은 결정을 내리며, 더 강력한 재무성과를 달성할 가능성이 크다. 이런 경영 환경의 변화는 구직자들이 직장을 결정할 때 DE&I를 중요한 요소로 고려하게 했다. 세계 최대 규모의 직장 평가 사이트 글래스도어Glassdoor 연구에 따르면 설문조사 응답자의 76%가 회사와 채용 제안을 평가할 때 DE&I를 중요한 요소로 간주하는 것으로 나타났다. 특히 Z세대의 구직자 중 83%는 DE&I에 대한 기업의 의지가 회사를 선택할 때 중요한 역할을 한다고 말했다.[67] Z세대가 전 세계 인력의 약 30%를 차지하게 되면서 HR 리더는 DE&I 채용 전략을 재검토하는 것이 매우 중요해졌다.

핵심 인재 채용의 오류

　업종을 불문하고 우수 인재가 기업의 흥망성쇠를 가르는 결정적 요인으로 작용하면서 조직은 우수 인재 채용을 위한 다각도의 노력을 하고 있다. 다수의 그렇고 그런 인재보다 한 명의 우수 인재를 뽑는 것이 비용면이나 효과적인 측면에서도 훨씬 효율적이다. 그래서 대부분의 회사는 채용 과정에 우수 인재를 면접위원으로 참여시키는 방법을 쓰곤 한다. 뛰어난 사람이 뛰어난 사람을 잘 알아보는 법이라고 생각하기 때문이다.

　그런데 우수 인재에게 면접위원의 역할을 맡기면 우수 인재를 정말 잘 뽑을 수 있을까? 캘리포니아대학교 행동심리학자 스테판 가르시아Stephen Garcia 교수는 이 질문의 실증분석을 위해 다음과 같은 실험을 했다.[68] 가르시아는 실험 참가자들에게 자신이 하버드대학교 법대 교수가 됐다고 가정하고, 두 명의 지원자 중 한 명을 교수로 채용해야 한다고 말했다. 참가자 중 절반에게는 자신이 법학 분야 최고 저널에 25편의 논문을 게재한 교수로 상상하게 했고 나머지 절반에게는 발표한 논문이 총 95편인 교수라고 상상하게 했다. 요약하자면 첫 번째 그룹에게는 논문의 '질적 측면'에서 우수한 교수라고 생각하게 했고, 두 번째 그룹에게는 논문의 '양적 측면'에서 뛰어난 교수의 입장이라고 생각하게 했다. 지원자 두 명 중 A 지원자는 최고 권위의 저널에 30편을 게재한 경력이 있었고, B 지원자는 총 100편의 논문을 쓴 사람이었다. 참가자들은 누구를 추천했을까?

　자신의 논문이 질적 측면에서 우수한 교수라고 상상한 참가자들은 대부분은 '논문의 양'이 많은 B 지원자를 선택했다. 반면 논문의 양적 측면에서 우수한 교수라고 스스로 상상한 참가자들은 '논문의 질'이 우수한 A 지원자를 선택했다. 다시 말해, 논문의 질이 우수한 사람은 논문의 양이 많은 사람을 선호했고, 논문의 양이 많은 사람은 논문의 질이 우수한 사람을 선호했다. 자신의 강점을 능가하는 사람을 은연중에 배제한다는 것이다. 이는 오늘날 문화적으로 다양하고 포용적인 사회에 살고 있다는 우리의 인식에도 다양성, 평등성, 포용성을 더욱 촉진하기 위해 직장에서 지속적인 노력이 여전히 중요하다는 것을 보여준다.

그렇다면 왜 이런 현상이 나타나는 걸까? 이러한 특성은 노벨상 수상자들에게도 종종 목격되기도 한다. 노벨상 수상자들은 새로 채용할 교수가 자신의 동일한 전공 영역에서 탁월한 성과를 낸 사람이라면 그들과 협업하지 않으려는 경향을 보인다. 새로 들어올 교수가 자신이 이미 거둔 업적을 초라하게 만들고 앞으로 이룰 업적에 장애가 될 수 있다고 생각하기 때문이다. 물론 모든 노벨상 수상자가 동일한 경향을 보이는 것은 아니다. 여기서 우리가 한 단계 더 들어가 노벨상 수상자의 인맥 특수성에 대해 알아볼 필요가 있다. 이재윤 명지대학교 문헌정보학과 교수팀은 국내 대표 과학자와 해외 노벨상 수상자의 공동 연구 네트워크를 비교했다.[69] 연구진은 2013년 노벨 생리의학상 수상자 랜디 웨인 셰크먼Randy Wayne Schekman 버클리 캘리포니아대학교 교수와 국내 생리의학 분야 대표 과학자 중 한 사람으로 꼽히는 A 교수를 대상으로 이들이 얼마나 많은 사람과 어떻게 교류하는지 비교했다. 비교 결과, 셰크먼 교수와 함께 논문을 쓴 공저자는 264명, A 교수 쪽은 216명이었다. 양적인 측면에서는 큰 차이가 없었다. 그런데 A 교수는 주로 내부 공저자 집단과 협력했다. 내부 공저자 집단은 여러 차례 공동 연구를 했고, 서로 공저관계로 얽혀 있는 자신의 실험실 연구원들이 주로 구성된 그룹이었다. 반면 셰크먼 교수는 공동 연구 횟수가 적고, 다른 공저자 그룹과 전혀 연결되지 않은 외부 공저자 집단과 주로 협력했다. 이들 중에는 전혀 다른 분야의 과학자인 경우도 있다.

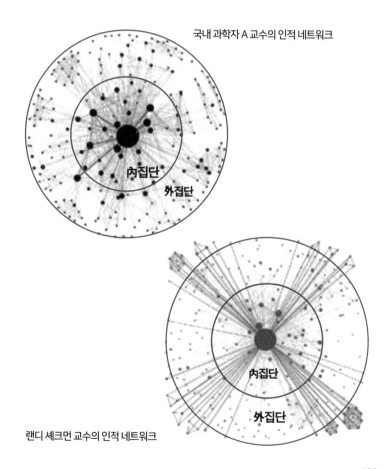

국내 과학자 A 교수의 인적 네트워크

랜디 셰크먼 교수의 인적 네트워크

이 연구는 소수의 국내 과학자와 노벨상 수상자의 인적 네트워크를 비교했기 때문에 해당 분야 전체를 대변하지는 않는 한계를 지니고 있지만, 국내 연구 인력의 인적 네트워크 특성과 조직 내 DE&I의 현주소를 확인할 수 있다는 점에서 시사하는 바가 크다.

우수 인재가 채용이나 연구 과정에서 보이는 이런 경향을 심리학에서는 '사회적 비교편향'이라고 한다. 예쁜 사람은 자기보다 예쁘지 않은 사람과 같이 다니는 것처럼 자신의 강점 영역에서 자신을 능가하는 사람을 배제하여, 자신의 존재가치와 자존감을 보호하려는 자연스러운 동기에서 나온다. 문제는 우수 인재일수록 사회적 비교편향이 더 강하게 나타난다는 점이다.

넌 또 다른 나

사회적 비교편향과 더불어 우수 인재가 자주 범할 수 있는 편향이 '유사성 오류'다. 얼마 전 내가 면접위원으로 참석했을 때 사내 면접위원은 "이번 지원자는 과거에 나를 보는 것 같았어" 하며 합격 점수를 줬다. 참고로 내가 평가한 점수는 평균 수준이었다.

실제로 사람들이 서로 비슷한 사람에게 끌리는지 살펴보기 위해 스탠퍼드대학교 커뮤니케이션학과 제레미 베일렌슨Jeremy Bailenson 교수는 유권자들의 선호도 조사 실험을 했다. 실험을 위해 베일렌슨은 실험 대상들을 두 집단으로 나눠 A 집단 사람들에게는 실제 선거에 출마할 후보자 사진을 그대로 보여주었고, B 집단 사람들에게는 실제 후보자 사진에 자기 얼굴을 35% 합성한 사진을 보여준

뒤 선호도를 조사했다.

어떤 결과가 나왔을까? B 집단 참가자들은 A 집단 사람보다 약 10% 더 후보자를 선호하는 것으로 나타났다. 즉, 자신과 외모가 비슷한 사람에게 더 끌리는 경향을 보인 것이다. 이처럼 닮은 사람을 더 긍정적으로 평가하는 선호도는 실제 투표에서도 영향을 미치는 것으로 나타났다.

놀라운 사실은 외모뿐만 아니라 단순히 이름만 비슷해도 유사성의 오류가 나타난다는 것이다. 미국 텍사스 휴스턴주립대학교 랜디 가너Randy Garner 교수는 60명의 대학교수를 대상으로 전혀 모르는 사람들에게 우편으로 설문지를 보내 설문지에 의견을 적어 다시 우편으로 보내달라고 요청했다. 수신자의 이름에 따라 발신자의 이름을 여러 가지 비슷하게 또는 전혀 다르게 구성했다. 예를 들어 '신사아 존슨'이라면, '신디 존슨'과 같이 유사한 이름으로 다양하게 조정해서 우편을 보냈다. 결과는 예측한 대로다. 자신과 비슷한 이름을 갖고 있는 사람이 보낸 편지에는 설문에 무려 56%나 응답을 해주었다. 반면 다른 이름의 발신자에게는 단 30%의 응답률이 나타났다. 사실 설문에 응답하는 것은 매우 수고스러운 일이다. 편지를 읽고, 설문지에 답해서, 다시 우체국을 통해 발신해야 하니깐. 그런데 이름만 비슷해도 이 수고스러운 행동을 자발적으로 한다는 것이다. 이름처럼 작은 속성을 공유하는 것만으로도 기꺼이 상대방의 요구에 응답하는 비율이 증가한 것이다.

유사성 오류는 사람을 얻는 확실한 방법이긴 하나 채용에서는 금물이다. 미국의 〈포브스 Forbes〉에 따르면 평균 5단계 이상 여러 단계 면접을 통해 매우 철저한 채용 절차를 운영하고 있는 실리콘밸리 기업들조차도 유사성 오류의 영향을 받아 구성원의 다양성이 부족해진다고 밝혔다.

유사성 오류를 낳는 대표적 채용 전략이 직원 추천이다. 직원 추천은 현재 직원들에게 더 공식적이고 비싼 채용 방법을 사용하는 대신에 자신의 조직에서 일할 친구, 가족, 또는 과거 동료들을 추천하는 방식이다. 인사팀들은 검증된 사람이기 때문에 직원 추천인들을 좋아하는 경향이 있고, 회사들은 그것이 값싼 채용 전략이기 때문에 즐겨 활용한다. 하지만 사람들의 우정 네트워크가 꽤 동질적이기 때문에 같은 성향을 지닌 사람이 늘어날수록 구성원의 다양성은 부족해지고 결국 DE&I를 해칠 수 있다. 이는 조직의 다양성 부족 현상뿐만 아니라 지원자 역시 공정한 기회를 제공받지 못하는 문제까지 확장된다. 읍참마속泣斬馬謖의 고사에서 보듯, 제갈량이 자신과 같은 스타일인 마속의 능력을 지나치게 높이 평가한 탓에 큰 실패를 자초한 것도 그러한 연유이다.

다음은 면접위원들이 채용 과정에서 종종 언급하는 내용들이다. 옳다고 생각하는 것을 골라보길 바란다.

① "보통 A 지원자처럼 활달한 성격을 가진 사람이 조직생활에 잘 적응하니, 가장 높은 점수를 주는 게 맞다고 생각합니다."
② "B 지원자는 눈빛이 불안한 게 아무래도 거짓말하는 것 같은 느낌을 받아서 좋은 점수를 주기 어렵습니다."
③ "C 지원자는 어떤 질문에도 막힘없이 답변했는데, 너무 준비된

답변만 하는 것 같아서 진정성이 안 보이는 것 같습니다."

④ "D 지원자는 다 좋은데 다른 곳에 합격하면 옮길 것 같습니다. 입사해도 업무에 집중하기보다 오래 다니지 않고 이직 생각만 할 것 같습니다."

⑤ "우리 회사는 변화가 필요합니다. E 지원자 같은 적극적인 사람이 들어와서 메기 같은 역할을 할 필요가 있다는 생각이 들었습니다."

당신 앞에 두 명의 지원자가 있다고 가정해보자. A 지원자는 활발한 성격으로 면접관의 질문에 빠르게 답변한다. B 지원자는 조용한 성격으로 약간 소극적이지만 핵심 내용을 간결하게 답변한다. A 지원자와 B 지원자 중에 누구를 선택하겠는가? 면접장에서 가장 많이 언급되는 두 유형은 외향성과 내향성이다. 요즘 많이 언급되는 성격유형 검사인 MBTI에서 'E'와 'I'로 대표되는 유형이다. 놀라운 사실은 미국 내 조직심리 연구들을 종합해보면 면접위원들의 85%가 외향적인 A를 선택한다는 것이다. 흥미로운 사실은 내향성을 가진 지원자가 외향성을 가진 사람처럼 보이기 위해 거짓말을 한다는 점이다. 참가자의 81%가 거짓말을 했고 그 숫자는 평균적으로 3회 정도였다.[70] 그도 그럴 것이 요즘과 같이 팀 역할의 비중이 높아지고 면접장에서 대인관계나 의사소통 역량을 필수적으로 질문하게 되면서 자연스럽게 나타나는 현상이다. 아울러 ②는 '첫인상 효과', ③은 '기본적 귀인 오류', ④는 '정서적 오류', ⑤는 '관대화 오류'에 해당한다. 그렇다. ①~⑤ 중 옳은 것은 단 하나도 없다.

연속적인 채용 과정에서 드러나는 무의식적 편견과 오류의 방치는 유사한 배경과 관점을 가진 개인이 조직을 지배하는 '반향실 효과Echo Chamber Effect'로 이어질 수 있다. 이러한 동질성은 조직 내 DE&I를 억제할 뿐만 아니라 궁극적으로 조직의 성장과 발전에 심각한 장애물이 될 수 있다.

컬처 애드

그렇다면 채용 과정에서 오류나 편견을 극복하기 위해서는 어떤 전략을 사용할 수 있을까? 안타깝게도 오류나 편견을 완전히 근절할 수는 없다. 200가지가 넘을 정도로 수많은 편향이 존재하기도 하지만 인간으로서 우리는 때때로 편견을 인식할 수 없기 때문이다. 그러나 줄이는 방법은 있다.

첫째, 무의식적인 편견을 예방하고 대처하는 방법 중 각 지원자에 대한 초기 인상을 기록한 다음 자신의 편견이 평가에 어떤 영향을 미쳤는지 평가하는 것이다. 예컨대 '당신과 같은 학교에 다녔거나 같은 전공을 했다는 이유로 그들을 더 호의적으로 평가했습니까?', '같은 팀의 다른 사람들보다 나이가 많거나 어리기 때문에 해당 업무에 적합하지 않을 수 있다고 생각한 적이 있습니까?', '지원자의 인상이나 개인적 역량이 비슷하다는 점을 근거로 호의적으로 평가하지는 않았습니까?' 등의 질문을 통해 자신의 편견이 어떻게 작용하는지 정확하게 기록하고 개방적인 태도로 성찰하면 기울어진 사고를 조금이나마 바로잡을 수 있다.

둘째, 사회적 비교편향이나 유사성 편향을 방지하기 위해서는 면접위원들의 다양성이 필수적이다. 다양한 배경과 관점을 가진 여러 면접위원이 참여하며 잠재적인 편견이 도전받게 되고 평가의 균형을 이룰 가능성이 커진다.

<컬처 애드 평가를 위한 인터뷰 질문의 예>

컬처 애드를 평가하기 위해 지원자를 인터뷰할 때 다음의 항목을 중심으로 질문해보세요.

- 혼자 일하는 것을 선호하나요, 아니면 팀의 일원으로 일하는 것을 선호하나요?
- 당신의 업무 스타일을 어떻게 정의하겠습니까?
- 이전 역할에서 배운 것 중 가장 자랑스러운 것은 무엇입니까?
- 이 직무와 직책에 채용되면 우리 팀에 변경, 개선 또는 도입하고 싶은 세 가지 사항은 무엇입니까?
- 이전 동료들이 당신의 업무 스타일을 어떻게 평가할 것이라고 생각하나요?
- 당신의 경력 목표는 무엇이고, 이 목표에 매력을 느낀 이유는 무엇입니까?
- 우리 회사가 이익을 얻을 수 있다고 생각하는 프로세스나 기술력은 무엇입니까?

마지막으로 채용은 단순히 현재 업무 수행에 필요한 인재가 아닌 장기적인 관점에서 미래 경쟁력 확보를 위해 필요한 인재여야 한다. 그러기 위해서는 어떻게 하면 장기적으로 채용 기준을 기존의 문화에 잘 부합하는 '컬처 핏Culture Fit' 모델에서 새로운 관점을 제시하는 '컬처 애드Culture Add' 모델로 전환할 수 있는지 생각해봐야 한

다. 문화적 적합성, 즉 컬처 핏을 고려한 채용에는 다음과 같은 단점을 내포한다. 회사의 문화에 맞는 직원을 채용하기 위해 우수 인재뿐만 아니라 채용 관리자와 담당자는 종종 무의식적으로 자신과 비슷하게 생각하고 행동하고 닮은 개인을 선택하는 함정에 빠진다. 이로 말미암아 실제로 성과가 좋지 않은 동질적이고 정적인 팀이 탄생하기도 한다. 비슷한 문화적 배경을 공유하는 팀원들은 집단적 사고방식과 문제해결 방식의 특성도 공유하기 때문이다.

반면 컬처 애드는 현재 팀과 완벽하게 일치하면서 팀의 문화에 다양성을 추가하는 채용이다. 현재 시점에서 컬처 핏도 중요하지만, 미래 관점으로 봤을 때 같은 부류의 사람만 채용하면 동일한 결과를 얻을 수밖에 없다. 컬처 애드로의 변화 모색은 DE&I의 힘을 진정으로 활용하고 미래 시대를 위한 혁신과 성장의 잠재력을 실현할 수 있다.

POINT --
핵심인재의 환상에서 벗어나야 한다. 핵심인재가 모든 면에서 월등한 결과를 낳는 것은 아니며 특히 채용 과정에서는 다양한 오류나 편견을 보이기도 한다. 아울러 혁신과 성장의 잠재력을 실현하기 위해서는 현재 업무 수행에 필요한 인재가 아닌 장기적인 관점에서 미래 경쟁력과 DE&I 확보를 위해 필요한 인재여야 한다.

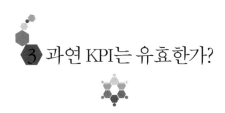

3 과연 KPI는 유효한가?

지금, 이 시대를 대변하는 대표적인 키워드는 '성과주의'다. 기업은 물론이고 정부나 각종 단체에서도 한목소리로 성과주의를 외치고 있다. 하지만 많은 조직에서 성과주의 인사제도를 도입하고 있지만 기대 효과만큼 우려의 목소리가 높은 것도 사실이다. 딜로이트 컨설팅에 의하면 "오직 6%만이 현 성과관리 체계가 실질적인 성과를 창출하고 있다고 인식하고 있다"라고 했다.[71] '측정할 수 없으면 관리할 수 없다'라는 진부한 격언이 사실일 수도 있지만, Advanced Performance Institute와 Actuate가 3,000개가 넘는 조직을 대상으로 한 글로벌 설문조사 결과에서도 '기존의 성과관리 방식이 업무를 개선하는 데 실제로 도움 되지 않는다'로 나타났다. 응답자의 5분의 1은 성과 측정 및 성과관리를 사용하여 얻을 수 있는 이점이 매우 제한적이거나 전혀 없다고 말했다.[72] 이러한 인식에 기반하여 미국이나 일본의 경우 성과주의에 대한 논쟁이 치열한데, 각 나라의 서점에 가보면 성과주의를 찬성하는 책과 반대하는 책이 경쟁적으로 출간되고 있다. 그러나 한국에서는 성과주의 옹호론과 일부 개선론이 있을 뿐 성과주의를 반대하는 책은 찾아보기 어렵다. 그렇다면 우리 사회의 뛰어난 경영학 교수와 경영 컨설턴트들은 왜 침묵하고 있는 걸까?

미국식 성과주의는 1993년 일본의 주요 정보통신 기술 기업인 후지쯔Fujitsu가 대기업 중에서 가장 먼저 도입했고, 한국의 경우 IMF 외환위기를 경험한 후 삼성전자가 가장 공격적으로 현장에 적용하면서, 많은 기업이 글로벌 스탠더드 개념으로 앞다퉈 도입했다.

성과주의는 연공주의의 불합리한 인사 관행에서 탈피하여 기업의 경영 성과에 기여하는 글로벌 보상제라는 긍정적 인식과 함께 재무성과 향상, 전 세계의 고급 인재를 블랙홀처럼 빨아들여 핵심 인재를 대거 확보 및 유지하는 데 긍정적 효과를 거두었다. 그럼에도 세계 경제는 심각한 위기에 봉착했다. 성과주의가 근시안적 단기 성과에 집중하다 보니 부작용이 나타나기 시작한 거다. 더 높은 성과를 지향하는 것이 성과주의의 핵심 본질이다. 1968년 1월 31일 기준 월마트의 24개 매장은 1,260만 달러의 매출과 48만 2,000달러의 순이익을 달성했다. 1988년 회계연도까지 매장 수는 1,198개로 늘어났으며 매출은 160억 달러, 순이익은 6억 2,760만 달러를 기록했다. 월마트의 매출 연평균 성장률과 수익의 연평균 성장률CAGR은 20년간 43%였다. 만약 월마트가 이 비율대로 계속 성장한다면 2015년 매출은 246조 달러로 전 세계 GDP의 세 배가 되어야 한다.

하지만 2011년부터 2015년까지 월마트의 연평균 성장률은 2.7%로 떨어졌다.[73]

KPI의 수명

4차 산업혁명의 대표 세계관인 '불확실하고, 복잡하고, 모호하며, 변화가 많은 세상^{VUCA}'에서 자고 나면 신기술이 등장하고 고객 요구가 급변하며 산업 간, 직무 간 융합이 빈번하게 발생하는 21세기 초경쟁 환경에서 30년 전의 성과주의제도가 과연 적합할까? 개개인의 직무를 중요도별로 정리해놓아도 1년을 못 가 그 우선순위가 바뀌는 일이 허다하다. 단시성을 중심으로 한 성과주의는 직원의 창의성 발현과 장기적 혁신을 저해할 수밖에 없다. 특히 기업은 효율성과 수익성을 개선하기 위한 노력으로 핵심성과지표^{KPI}를 사용한다. 하지만 개선의 통로가 되기는커녕 걸림돌이 되어 성과주의의 본질을 왜곡하고 있다.

미국의 인터넷 종합 쇼핑몰 거대 기업인 아마존은 2020년에 직원의 생산성을 추적하기 위해 'TOT$^{Time\ Off\ Task}$'라는 KPI를 사용했다. TOT지표는 직원이 일하지 않고 보내는 시간을 측정하며, 지속적으로 높은 TOT 점수를 받는 직원은 해고 대상이 된다. 기업이 직원의 생산성을 추적하는 것은 중요하지만 아마존의 TOT지표는 휴식 시간, 화장실 이용 시간 등 직원의 업무 능력에 영향을 미칠 수 있는 개인적 요소를 고려하지 않았다. 그 결과, TOT지표에 해당하는 직원들은 비생산적이라는 평가를 받는 것을 피하기 위해 납득이 불가능한 속도로 일해야 한다는 압박감을 느낄 수밖에 없었다. 이로 말미암아 아마존의 열악한 근무 조건과 직원 학대에 대한 비난이 사회적 이슈가 되었다.

KPI는 비즈니스 성과에 대한 통찰력을 제공할 수 있지만 항상 비즈니스 성과의 전체 그림을 제공하는 것은 아니다. 이는 KPI가 피상적인 수치 개선에만 근시안적으로 초점을 맞추게 되면 비즈니스 성공에 영향을 미칠 수 있는 다른 요소, 즉 DE&I, 고객 충성도, 브랜드 평판과 같은 비재무적 요소를 배제할 가능성이 크다는 것이다. 이를 '터널시야Tunnel Vision 현상'이라고 한다. 어두운 터널을 빠른 속도로 달리면 터널의 출구만 동그랗게 밝게 보이고 주변은 온통 깜깜해지는 사각지대를 말한다. 예를 들어 기업에서는 매출 성장이나 고객 확보와 관련된 KPI에 집중하다 보면 직원 참여나 형평성, 포용성과 같은 요소는 고려하지 않는 상황이 발생할 수 있다. 터널시야 현상은 회사의 고유한 상황과 차별화된 목표가 아닌 과거 데이터나 업계 벤치마크를 기반으로 KPI를 설정할 때도 발생할 수 있다. 이로 말미암아 회사의 혁신 능력, 변화하는 시장 상황에 적응하는 능력, 장기 목표 달성 능력과 관련된 사각지대가 발생한다. 이는 회사의 전반적인 성과에 대한 이해에 사각지대를 발생시켜 비즈니스 기회를 놓치거나 잠재적인 위험을 초래할 수 있다.

KPI의 또 다른 한계로는 KPI가 비현실적이거나 달성 불가능한 수준으로 설정되는 경우 직원들의 의욕이 꺾이고 좌절감을 느끼게 만든다. 또한 목표 설정 시 직원의 동의나 의견 없이 과거 성과 데이터, 업계 벤치마크 또는 외부 시장 상황을 기반으로 목표가 설정되어 감정적 유대가 없이 시키는 대로 일하는 로봇 같은 존재로 전락할 수 있다. 이러한 문제는 사람들과의 상호작용을 간과하는 문제를 낳게 된다. 관계는 모든 비즈니스의 성공, 기술적 성공에 매우 중요한 요소다. 조직의 강점은 회사 내부와 외부에서 사람들을 얼마나 잘 육성하느냐에 따라 결정된다. KPI의 중요한 단점 중 하나는 이러한 관계의 상호작용이나 조직의 건강에 필수적인 기업문화의 강점을 측정하는 데 한계가 있다는 것이다.

이 외에도 '유연성 결여', '측정의 한계', '과정관리의 어려움', '복잡하고 난해함', '시간 소모적이며 지나치게 주관적임' 등 다양한 문제점을 내포한 KPI 중심의 전통적 성과관리 방식은 오늘날 오히려 성과에 역행하는 툴이다. 베스트 바이의 최고경영자가 된 위베르 졸리Hubert Joly는 더 이상의 기존의 성과평가 방식을 진행하지 않았다. 그는 말한다.

"도대체 누가 당신에게 B, C 등급을 말할 수 있단 말인가? 대체 어떤 상사가 당신의 성과를 정확히 평가할 수 있단 말인가?"

한때 제너럴 일렉트릭은 매년 직원들을 평가한 후 하위 10%에 해당하는 직원들을 해고했다. 과연 평가한 사람들이 공정하고 객관적으로 판단했다고 할 수 있을까? 순위 할당제는 기준이 높고 주관적인 판단에 의존하는 경우가 많아 문제가 있다. 높은 순위에 올라가기 위해 동료를 밟고 올라가야 하고, 늘 하위 10%는 존재하게 마련이므로 핵심인재를 잃을 수도 있다.

위베르 졸리가 베스트 바이의 CEO 자리에 앉을 때는 베스트 바이가 파산하거나 사모펀드에 기업이 인수될 것이라는 예측이 지배

적이었다. 그는 다 죽어가는 기업을 살리기 위해 GE 잭 웰치처럼
매장을 폐쇄하거나 부동산을 매각하지 않았다. 직원도 해고하지 않
았으며, 공급업체를 쥐어짜 단가를 낮추지도 않았다. 그가 한 일은
직원 개인과 집단의 역량을 발굴해 한껏 발휘할 수 있도록 적절한
환경을 조성한 것이다. 기존의 성과관리 방식에 탈피해 평가보다는
발전을 중시했다. 일의 우선순위를 정하고 직원들이 자신의 발전
목표를 달성하게 도와주려 애썼다. 이러한 노력 덕분에 그가 경영
하는 동안 베스트 바이는 6년 연속 성장을 기록했고, 수익은 3배로
뛰었으며, 곤두박질한 주가는 75달러까지 올랐다.

기존의 전통적 방식에서 벗어나 포용적 리더십을 발휘하여 다 쓰
러져가던 베스트 바이를 회생시킨 것은 놀라운 일이 아닐 수 없다.
숫자보다 사람에 더 관심을 기울이고, 독단적으로 문제해결을 지
시하기보다 다른 사람들이 각자 자기 일을 더 잘할 수 있도록 도와
주었다. 다음의 사례는 베스트 바이가 얼마나 사람의 가치를 존중
해 주는지 알 수 있다. 한 트랜스젠더 직원이 인사팀을 찾아왔다. 그
녀는 성전환 수술을 하는 과정에서 회사 측에서 제대로 배려해주지
않았다며 고충을 토로했다. 그 후 회사는 복리후생제도를 면밀히
검토한 후 가슴 성형이나 안면 여성화 수술 등 미용 시술을 지원해
주었다. 단 한 명의 직원이 요구했을 뿐인데 베스트 바이는 왜 그렇
게까지 했을까? 당시 인사책임자였던 캐미 스칼렛은 이렇게 대답
했다.

"그녀 한 사람도 소중하니까요."

위베르 졸리의 리더십은 조직문화로 직결되어 최고경영진을 비

롯한 팀장 등 상위 직급에 현재 수준을 넘어 더 높은 수준으로 사람의 가치를 추구하고 리딩하는 사람으로 변모하게 했다.

KPI의 대안

전통적 성과주의는 개인별 성과지표KPI가 실질적인 조직의 목표 달성과 구성원들의 성장에 큰 도움을 주지 못한다는 인식, 성과지표 도출 과정 및 평가 절차 등 제도가 복잡하고 투입되는 시간과 노력이 과다하다는 인식이 지배적이나 인사제도는 이러한 변화를 반영하지 못하고 여전히 과거의 관행에 머물러 있었다. 특히 개인 KPI는 달성되었는데, 회사의 비전은 달성되지 못하거나 오히려 더 하락하는 현상을 보이곤 한다. 그렇다면 현재 KPI 중심의 성과주의 문제를 극복할 대안은 무엇일까?

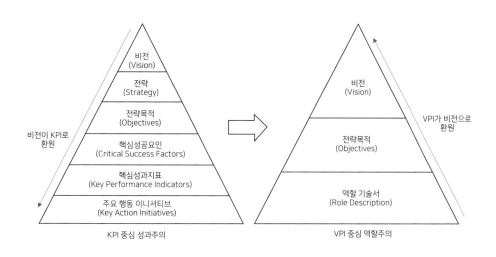

팀과 개인이 창출하는 성과가 회사 전체 성과로 나타나기 위해서는 개인별 성과지표가 조직의 비전과 유기적으로 연결되어야 한다. 그러나 성과주의 인사제도를 도입한 대부분의 기업은 매년 상당한 시간을 들여 조직의 비전과 사업부 목표를 단위조직과 개인에게 연계해 개인별 KPI 설정을 하지만, 비전과의 연계성이 매우 낮게 나타난다. Top-down 방식으로 만들어진 개인별 KPI는 비전과 전략 목적에 맞춘 도전적이고 혁신적인 지표가 아닌 현업 위주와 단기성 위주의 지표로만 도출된다. 그도 그럴 것이 앞선 표에서 보듯 'KPI 중심의 성과주의'는 비전부터 전략, 전략 목적, 핵심 성공 요인, 핵심 성과지표, 이니셔티브까지 알아야 하고 고려해야 할 단계가 너무 많다 보니 하위단계로 내려갈수록 비전의 중요성과 DE&I와 관련된 가치는 서서히 희석되는 경향이 나타나게 된다. 비전은 가장 높은 상단에 설정되어 있으나 시간이 지날수록 직원들에게는 관련성이 없어지고 종국에는 잊힌다. 연초에 KPI를 설정할 때 비전을 힐끗 보고 열심히 일한 다음 연말 평가까지 자신의 업무와는 무관하다고 느낀다. 무엇보다 비전과 KPI의 연계성이 낮은 가장 핵심적인 이유는 가장 아래 단계인 KPI를 기준으로 개인별 실적을 평가·보상하기 때문이다. 이 점에서 경영자와 구성원 간의 비전 갭이 생기게 되고, 아무리 많은 보상을 해도 이 문제는 해결되지 않는다.

이러한 문제점을 고려하여 'VPI 중심 역할주의'를 대안으로 제시한다. 'VPI 중심 역할주의'는 3단계로만 구성된다. 비전에 따른 전략 목적과 개인별 역할만 구체적으로 정리되면 된다. 개인별 부여되는 '역할기술서'는 직무를 수행하는 데 필요한 기술적인 과업 외

Vision Objectives	브랜드 가치 향상	조직 역량 강화
ⓐ 이슈 관점 (협업 수준)	팀간(경영기획팀, 재무팀)	상하 간
ⓑ Task	리스크관리	비전/핵심가치 활성화
ⓒ Activity	·리스크 대응 방안 수립 ·정기적/부정적 정보 공유 채널 공유 및 회의체 운영 ·전사 리스크 위험 요소 역량 강화	·비전 교육 자료 작성 후 본부장에게 승인 ·전사 비전/핵심가치 공유 내재화 ·비전/핵심가치 수준 평가
ⓓ 개선 방안 (창의력 수준)	·전사 리스크 위험 요소 역량 강화 ·리스크 조기 발생 발견 및 대처 능력	·외부 컨설턴트의 도움 없이 자체로 진행 ·비전/핵심가치 실행력 강화 방안 수립
ⓔ Action Plan	·경영기획팀, 재무팀 분기별 리스트관리 회의 신설 ·위험 요소 발생 시 담당자별 정보 공유 구체화(상반기까지)	·자체 비전/핵심가치 컨설턴트 양성(상반기) ·분기별 핵심가치 내재화 교육 및 평가

<VPI 역할기술서>

ⓐ Issue 관점: 해당 Issue가 팀 간 업무 협조 / 정보 공유와 관련 사항인지, 상하 간 의사결정과 관련된 사항인지, 개인 해결 사안인지 구분

ⓑ Task: 이슈가 되는 특정 업무를 기입

ⓒ Activity: 구체적으로 어떤 방식으로 업무가 진행되고 있는지 기술

ⓓ 개선 방안: 지금의 수준을 넘어선 도전적이고 창의적이며, 혁신적인 업무 수행 계획을 기술

ⓔ Action plan: Activity와 개선 방안을 수행할 일정 기입

에도 직원이 수행해야 할 비직무적 역할도 포함된다. 직무기술서에 비해 책임이라는 한 가지 층을 더 포함하고 있으며, 개인의 직무와 팀의 수준에서 머무는 것이 아니라 조직 내 역할도 포함되어 있다. 그뿐만 아니라 조직의 목표 달성을 위해 의견을 통합하고 의견 일치를 추구하는 능력도 여기에 포함된다. 중요한 것은 모두 숫자로 나타낼 수 있는 것은 아니며, 숫자로 나타낼 수 있는 것이 모두 중요한 것은 아니다. 억지로 숫자로 표현하게 되면 목표나 본질의 왜곡이 나타나게 된다.

직장인 3,000명을 대상으로 설문조사를 한 결과 경영진은 '직원에게 가치 있는 일을 부여하고 있는가?'에 82%가 그렇다고 응답한 반면, 직원들은 '본인은 가치 있는 업무를 수행하고 있는가?'에 68%만이 그렇다고 응답했다. 이직할 직장의 최우선 고려 사항에 대해서는 MZ세대의 68%가 '가치 있는 업무를 수행'이라고 응답했다.[74] 개인별 KPI가 아닌 역할기술서를 기반으로 업무를 하면 가치 있는 업무를 수행한다는 인식을 갖게 되어 경영자와 직원 간의 인식 폭을 줄일 수 있다. 아울러 거시적 관점으로 조직을 들여다보고, 도전적이고 창의적인 업무를 자율적으로 계획할 수 있어 주도적 업무 수행이 가능해진다.

역량기술서는 형식적인 KPI와 같은 정량적 수치를 의무적으로 만들지 않아도 되며, 정성적 내용을 포함하되 다음과 같은 핵심 행동지표(KBI) 형태로 표기된다.

'VPI 중심 역할주의'의 가장 핵심은 평가지표가 KPI가 아니라 VPI(Vsion Performance Indicator)라는 점이다. 모든 구성원은 VPI 하나로만

S	A	B	C	D
(탁월)	(우수)	(만족)	(미흡)	(부족)
해당 직무역량에서 요구되는 기대수준을 훨씬 초과함	해당 직무역량에서 요구되는 기대수준을 초과함	해당 직무역량에서 요구되는 기대수준을 만족시킴	해당 직무역량에서 요구되는 기대수준에 다소 미치지 못함	해당 직무역량에서 요구되는 기대수준에 현저히 미달함
상위 수준의 직무도 충분히 수행할 수 있는 역량을 갖추고 있음	자신만의 방법으로 여러 상황에 적용하여 발휘함	직무 수행의 목표와 기대를 달성할 수 있는 수준임	직무 수행 시 해당 역량을 기초적인 수준에서 발휘함	직무 수행 시 초보적인 수준의 역량도 보이지 못함
직무를 수행할 때 타 직원들에게 모범이 됨	관련 직무를 타인에게 지도할 역량을 갖추고 있음	역량 행동지표를 일을 하면서 자주 관찰할 수 있음	원활한 직무 수행을 위해 추가적인 역량개발이 필요함	직무 수행에 지장을 주고 있음
5	4	3	2	1
10	8	6	4	2

<Key Behavior Indicator>

평가받는다. 비전의 달성과 개인의 실적보다 조직의 실적이 무엇보다 중요하기 때문이다. KPI가 아닌 VPI에 눈을 돌리면 터널시야 현상을 방지할 수 있다. VPI는 회사 비즈니스 전체의 그림을 제공하기 때문에 자신의 수치 개선에만 근시안적으로 초점을 맞추는 사각지대에서 벗어날 수 있다. 눈가리개를 착용하고 그저 앞만 보고 달리

는 경주마가 아닌, 관람객 입장에서 전체를 조망하며 단위 업무를 수행해가는 것이다.

국내 마케팅 전문 기업 에코마케팅은 2003년 설립 당시부터 지금까지도 KPI 중심의 인사 평가를 하지 않는다. KPI도 없고 평가도 없고 인사 부서도 없다. 김철웅 대표는 앞으로도 없을 것이라고 단언한다. 에코마케팅의 인사 정책은 '아우토반 원칙'을 따른다. 속도 제한이 없는 독일의 아우토반 고속도로에서 속도가 빠른 차에 길을 양보하는 원칙은 기본이다. 속도가 빠르면 깜빡이를 켜고 언제든 자유롭게 추월할 수 있다. 하지만 KPI가 있으면 속도를 추월할 수도 할 필요도 없다. KPI는 직원의 잠재력(속도)를 제한하고 성과에 한계를 둘 뿐이다. 속도에 제한을 두지 않은 덕분에 독일은 전 세계에 품질과 기술력이 뛰어난 고성능 차량 제조 능력으로 이름을 날릴 수 있었다.

'VPI 중심 역할주의'는 매년 전 직원이 많은 시간을 들여 만들어 놓고도 모호한 KPI를 도출할 필요가 없다. 전사에 공표된 비전을 공유하는 즉시 그것이 직원들의 KPI가 되는 것이다. 예를 들어 회사가 DE&I의 비전을 공표하는 즉시 모든 직원의 VPI가 되는 것이다. 직원에게 동일하게 부여된 VPI 아래에서는 개인 역할과 비전과의 연계성이 자동적으로 실현되며, 구성원 간 협업을 강화한다. 성과주의 인사제도의 가장 큰 문제는 업무를 할 때 협업이 필요하다는 것을 간과할 뿐만 아니라 때로 협업하는 것이 오히려 자신의 평가에 불리하게 작용한다는 인식을 갖는다는 점이다. 하지만 'VPI 중심 역할주의'는 조직 전체의 성과가 개인의 평가와 보상에 반영되기 때문에 옆의 동료와 부서를 적이 아닌 동지로 간주한다. GM과 사우스웨스트 에어라인스Southwest Airlines가 사업부 이익이 아닌 회사 이익을 기준으로 성과급을 지급하는 개념을 도입한 것도 같은 맥락이다. 이러한 변화를 통해 자기 부문만의 이익을 지향하는 '사일로Silo 현상'을 타파하고, 조직 전체의 성공을 도모할 수 있다. 만약 나사가 우주왕복선 챌린저호를 발사할 당시 연구원들의 KPI가 VPI, 즉 '성공적 우주선 발사'였다면 오링O-ring이 제대로 기능하지 못할 수도 있다는 위험을 외면하지 않았을 것이고, 동료 연구원들의 능동적인 협업으로 말미암아 승무원이 사망하거나 4,865억 원의 금전적 손실은 발생하지 않았을 것이다.

그렇다면 '개인별 보상을 어떻게 차별화해야 할까'에 대한 의문이 들 것이다. 성과주의 본산이라 할 수 있는 북미에서는 시장원리에 기초한 성과주의를 포기하고 보상 격차의 축소, 집단단위 평가 등을 중심으로 하는 공동체형 인사시스템으로 우수한 성과를 거두고 있는 기업이 늘어나고 있다. GM은 새로운 것의 발명, 탁월한 서비스 제공, 그리고 구성원의 역량·태도 등이 GM 성공에 얼마나 기여했는지를 평가해 성과급을 결정하여 지급한다. 일본의 후지쯔는 무리하게 미국식 성과주의를 도입하면서 실패한 점을 거울삼아, 일할 의욕의 고취, 신뢰 문화 기반, 업무 과정 중에 발생하는 능력과 노력 기반의 평가 등에 초점을 두고 있다. 이러한 변화되는 환경에 맞춰 'VPI 중심 역할주의' 역시 공동체형 인사시스템을 지향한다.

성과주의는 직원들의 능력에 대한 평가가 일관성 없는 데이터로 이어진다. 예를 들어 평가자가 직원의 고객 중심주의 사고

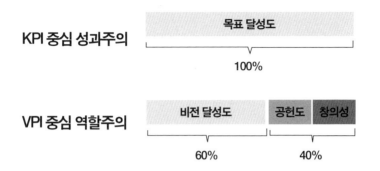

를 객관적으로 평가하려 해도, 결국 평가자 자신이 얼마나 고객 중심적으로 사고하는지, 고객 중심적 사고가 얼마나 중요하다고 생각하는지, 또 얼마나 치밀하게 준비해서 평가하는 사람인지에 따라 결과가 달라진다. 평가가 실제로 무엇을 기준으로 측정하는지 알아보기 위해 2000년 응용심리학회지에서 실증적 연구를 했다.[75] 관리자 4,492명의 업무 성과를 상사 2명, 동료 2명, 부하직원 2명이 평가하도록 한 결과, 평가 결과의 62% 차이는 평가자 개인의 특성에서 기인하는 것으로 드러났다. 실제 성과에 따른 차이는 21%에 불과했다. 평가자가 피평가자를 객관적으로 측정했다고 생각하지만, 평가로 측정되는 대상 대부분은 평가자의 고유한 평가 성향에 달려 있었다. 반면 비전이라는 하나의 지표로 평가받는 VPI는 평가자의 주관적 판단의 오류를 배제한다. 피평가자는 평가를 잘 받기 위해 평가자에게 정치적 행위를 할 필요가 없고, 평가자는 평가의 객관성이나 일관성 확보를 위해 장시간 준비와 평가를 할 필요가 없다. 이런 평가 방식은 절차적·분배적 공정성의 문제가 들어올 틈이 없다.

성과주의는 '보상의 차등 폭이 클수록 고성과자는 더 많은 성과를 낼 것이다'는 기본 원리로 목표 달성도에 따라 보상의 격차를 크게 운영해왔다. 하지만 보상 격차가 커질수록 평가 결과나 보상이 공평하지 않다는 감정을 일으키며, 불만족을 촉진하고, 조직을 떠나는 사람이 늘어났다. 결국 이런 악순환이 반복되면서 조직의 성과를 감소시키는 결과를 낳았다.

'VPI 중심 역할주의'는 전체 조직의 비전 달성도에 따라 성과가 결정됨으로써 집단에 대한 관심을 고취한다. 반면 직원 스스로가 업무를 자율적이고 창의적으로 하기 위하여 40%의 개인 차등화를 둔다. 동일한 보상 및 결과의 평등은 동기를 약화한다. 풀어진 마음보다 약간의 긴장이 직원의 성과 활동에 도움 되기 때문이다. 공헌도는 해당 직원이 팀과 조직에 기여한 정도를 반영한다. 역할기술서의 난이도 및 실행 정도가 평가의 핵심이 되겠지만, 반드시 업무에만 국한되지는 않는다. 동료에 대한 지원, 협업의 정도, 비업무의 자발적 참여 등이 포함된다. 창의성은 기존 관행에서 벗어나 비전 달성을 위해 과감한 혁신과 도전을 하는 정도를 말한다. 창의성 발현에 동반되는 발전적 실패는 평가와 보상에 적극적으로 반영된다. 이는 기존 성과주의하에서 구성원들이 위험을 회피하고 동일한 사고에 기반하여 의사결정을 내리는 복지부동의 자세에서 벗어나기 위함이다.

'VPI 중심 역할주의'는 중간 매니저의 실시간 소통과 피드백을 강조한다. 명확한 비전과 목표의 부재는 낮은 성과의 주된 이유다. 따라서 매니저는 비전과 목표의 인식, 직원 행동의 영향력, 역할 및 업무 개선 사항, 경력 성장 등에 대해 정기적이고 지속적인 피드백을 제공해야 한다. 발전적 피드백을 나눈 직원들은 매니저의 후속 조치에 도움을 받아 행동에 변화를 일으켜야 한다. 만약 직원들의 행동에 변화를 주지 못하거나 사람과의 행동에 편견을 갖고 장기적인 인간관계를 훼손하는 매니저는 공헌도 항목에서 불이익을 받게 된다.

　실시간 소통과 피드백의 우수 사례로 꼽히는 곳은 어도비Adobe다. 어도비는 2012년 성과주의 인사 평가 체계를 폐지하고 실시간 소통과 조율을 강조하는 '체크인Check-in'이라는 새로운 제도를 도입했다. 체크인제도는 다음의 세 가지 단계로 이루어진다. ① 매니저와 구성원이 공동으로 목표를 설정한다. 명확한 목표와 함께 어떠한 지표에 의해 평가받을지를 결정한다. ② 매니저, 동료 그리고 협업 부서들에 연중 수시로 피드백을 받는다. 최소한 분기 1회를 실시하고 엄격한 절차나 형식 등 피드백을 방해하는 장애물은 최소화한다. ③ 분기 말 3개월 동안의 전반적인 퍼포먼스에 관해 이야기를 나누며 미팅 내용을 공유한다. 특별히 HR 부서에 제출해야 할 양식이 존재하지도 HR 부서가 간섭하지도 않는다. 다만 매니저들의 역할과 책임을 강화하기 위해 무작위로 선택된 구성원들을 대상으로 설문조사를 실시한다. 기대 목표, 피드백, 성장의 3단계를 중심으로 진행되는 어도비의 체크인제도는 성공적으로 작동하고 있다고 평가된다. 직원들과 매니저의 사기가 눈에 띄게 높아졌고, 자진 퇴사율도 평균 대비 30% 줄어들었다.

비전의 쓸모

도쿄대학교 대학원의 다카하시 노부오高橋 伸夫 교수는 1992~
2000년까지 매년 대기업 38개사 10,000여 명을 대상으로 비전 지
수에 따른 직무 만족 비율과 이직 희망 비율의 관계를 조사했다.[76]

두 그래프에서 보듯 비전 지수가 높을수록 직무 만족 비율은 올
라가고 이직 희망 비율은 낮아지는 것으로 나타났다. 거의 완벽에
가까운 선형의 관계를 가진다는 사실을 알 수 있다. 그리고 비전 지
수가 4나 5가 되면 만족하고 있는 사람과 만족하지 않는 사람의 이
직 희망 사이의 관계는 거의 소멸한다. 즉, 현재 직무에 대한 불만
이 있더라도 회사의 명확한 비전만 있으면 회사를 그만두거나 하지
않고 현재의 괴로움이나 고통을 참아내며 도전을 계속할 수 있다는
것이다. 딜로이트의 연구에서도 비전이 고성과 직원에게 어떤 영향
을 미치는지 조사했다. 모든 사업부문에서 성과가 좋은 60개 팀을
선정하여 직원 1,287명을 설문조사에 참여하게 했다. 통제집단으로

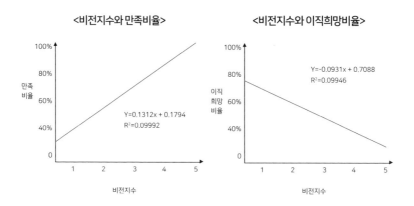

<비전지수와 만족비율>

Y=0.1312x + 0.1794
R²=0.09992

<비전지수와 이직희망비율>

Y=-0.0931x + 0.7088
R²=0.09946

일반 직원 1,954명을 선택했다. 조사 결과, 고성과 직원이 일반 직원보다 '회사의 비전이 나에게 동기를 부여한다'는 항목에서 높게 나타났다.[77]

VPI는 KPI가 아닌 비전을 측정한다. 명확한 비전을 바탕으로 VPI를 추구하는 조직은 성과주의를 지향하는 조직에 비해 성공할 가능성이 매우 크다. 도전적이고 구체적이며 분명한 비전은 더 나은 성과로 이어지게 마련이다. VPI는 미래를 창조하는 힘이 있다.

성공적인 'VPI 중심 역할주의'를 수립하기 위해서 비전은 어떤 요건을 갖추어야 할까? 크게 3가지 요건을 충족해야 한다.

첫째는 조직 구성원의 바람과 열망을 담은 비전aspirational이어야 한다. 다른 조직의 비전을 그대로 가져오거나 조직 구성원의 생각과 DE&I의 가치가 반영되지 않은 비전은 그 수명을 다하기가 어렵다. 따라서 조직이 추구하고자 하는 현재 그리고 미래에 바라는 것이 무엇이고, 그들이 열정을 다해 얻고자 하는 것은 무엇인지가 비전에 담겨 있어야 한다. 아울러 명료하고 직접적인 언어를 사용하여 회사의 청소부나 경비원도 그 내용을 이해하고 공감할 수 있어야 한다.

둘째는 달성 가능한 비전achievable이어야 한다. 회사의 존재 이유와 성장 방향, 경쟁우위의 원천이 담겨 있어야 한다고 해서, 비전이 그저 허황하고 먼 이야기로만 남아 있어서는 곤란하다. 미래의 특정 시점을 고려하여 역량을 발휘하여 충분히 달성 가능한 비전의 모습이 그려져야 한다. 반대로 열심히 노력하지 않고서도, 현재의 역량으로 충분히 달성 가능한 비전을 설정한다면 직원들에게 꿈과

설렘을 주지 못할 것이다. 거기에는 도전의 짜릿함도 없고, 열망에 대한 벅참도 없다. 따라서 막연한 기대만으로 비전을 수립하는 것이 아니라 조직 역량에 대한 냉철한 판단과 분석, 현재 그리고 미래 그 목표를 달성했을 때 행복해질 수 있다는 믿음, 조직 구성원들의 경쟁력 확보에 대한 확신 등을 통해 크고 위대한 비전에 제시되어야 한다. 그래야 비로소 설레는 가슴을 안고 기꺼이 실행에 몰입하려고 할 것이다.

셋째는 신뢰할 수 있는 비전credible이어야 한다. 비전은 구체적이고 현실적인 처방전이 담겨 있어야 한다. 현실적인 처방 없이 목표와 과제만 담고 있는 비전은 구성원들에게 불안감을 조성함으로써 비전에 대한 신뢰도를 떨어뜨린다. 따라서 신뢰할 비전을 만들기 위해서는 좀 더 구체적인 실행안이 함께 마련되어야 한다. 스티브 잡스는 아이팟을 출시하면서 '1,000곡의 노래를 당신의 주머니에 넣어주겠다'는 구체적 실행안을 제시했다.

새로운 기술과 혁신이 가져오는 변화에도 성과주의의 기저 세력은 여전히 강력하다. 진정한 조직을 만들고 직원의 잠재력을 충분히 실현하고자 한다면 'VPI 중심 역할주의'의 도입을 과소평가하지 않길 바란다.

POINT ···

아직도 전통적 KPI 방식을 고집하는가? KPI의 대안인 VPI는 비전을 달성하게 해주고 집단에 대한 관심을 고취한다. 무엇보다 고질적인 터널시야 현상을 극복하고 실시간 소통과 피드백을 장려하며 미래를 창조하는 힘을 제공한다.

4 잘나가던 밴드가 해체된 이유

성별, 인종, 종교, 세대 등 모든 직원을 소중히 여기고 존중하는 직장을 조성하려면 DE&I 정책은 꼭 필요하다. 그러나 DE&I 정책을 추진하다 보면 직장의 화합과 생산성을 방해할 갈등이 발생할 수 있다. 특히 DE&I 중 다양성은 그 자체가 다름을 말하는 것이기 때문에 어쩔 수 없이 긴장과 갈등이 일어날 수밖에 없다. DE&I를 추진하는 과정에서 나타날 수 있는 대표적인 갈등은 다음과 같다.

- 직원들은 DE&I 정책에 대해 서로 다른 견해를 가지고 있거나 정책 실행 방법에 동의하지 않아 오해와 불일치가 발생한다.
- 일부 직원은 DE&I 정책이 불공평하다고 느끼거나 특정 집단에 우호적이라고 느껴 분노와 갈등을 유발한다.
- 직원들은 조직의 다양성 및 포용 정책과 충돌하는 개인적 편견이나

고정관념을 갖고 있어서 다른 직원과의 긴장과 갈등을 초래한다.

- 직원들이 DE&I와 관련된 우려 사항을 조직이나 경영진에게 듣지 않거나 이를 채견하려는 노력을 보이기 않을 때 갈등이 발생할 수 있다.

DE&I 정책으로 발생하는 갈등의 출현은 불가피하지만, 이러한 갈등을 효과적으로 관리하기 위한 적극적인 노력은 반드시 수반되어야 한다. 갈등을 효과적으로 해결하는 것은 DE&I 정책이 성공하고 모든 직원이 가치 있고 존중받는다는 느낌을 받도록 하는 데 매우 중요하기 때문이다. 그렇다고 갈등 없이 그저 사이좋게 지내야 한다는 것이 무조건 좋은 것도 아니다. 조직의 성장과 창의성은 불편한 관계에서 온다. 유럽 지식인 사회에서도 주목받는 몇 안 되는 미국인 학자 리처드 세넷Richard Sennett은 말했다.

"서로 다른 기술 또는 흥미를 품은 사람들끼리의 접촉은 무질서할 때 풍성해지고, 규칙을 부여할 때 빈약해진다."

물론 다양한 인종과 다른 취향, 감성을 가진 이들과 호흡을 맞추기란 절대 쉽지 않다. 하지만 위대한 문명은 항상 여러 문화와 민족이 만나 부딪히면서 하나가 되어가는 과정에서 싹이 텄다. 비슷한 색깔을 가진 사람들이 모인 모노타입monotype 조직이 갈등이 적을 수는 있다. 그러나 탁월한 성과와 창조적인 발상을 도모할 가능성도 그만큼 작다. 커뮤니케이션 연구의 선구자인 어니스트 보만Ernest Bormann은 조직마다 긴장을 견딜 수 있는 한계선이 존재하며, 그것이 갈등의 적정 수준을 결정한다고 말한다. 갈등을 조율하지 못하면 조직이 망할 수 있지만, 갈등이 없으면 권태와 무관심이 생겨 생산성이 떨어진다. 1990년대에 가장 성공한 영국의 6인조 밴드 뷰티풀 사우스Beautiful South가 해체된 이유도 '음악적 유사성'이었다. 예술이 그러하듯 조직도 싸우지 않는 조직은 생명력을 잃게 된다. 손쉽게 타협해버리면 제품과 서비스는 평범하고 지루한 것이 된다. 과거의 성공 공식만 답습하기 때문이다.

세대별 DE&I에 대한 인식

최근 직장 내에서는 서로 다른 4세대와의 동거로부터 DE&I 추진 정책에 대한 다양한 갈등이 등장하고 있다. DE&I 관점에서 보면 세대 간 갈등은 개인의 다양한 관점과 경험을 포함하는 복잡한 주제다. DE&I에 대한 인식과 접근방식에 따라 기성세대는 이 주제에 덜 민감하게 반응하는 반면 젊은 세대는 이 주제에 더 친숙한 경향을 보인다. 이는 특히 포용력, 형평성, 무의식적인 편견과 같은 문제와 관련하여 직장에서 오해와 갈등으로 이어질 수 있다. 젊은 세대는 느린 변화 속도에 좌절감을 느낄 수 있는 반면, 기성세대는 방어적이거나 변화에 저항할 수 있다. 현재 4세대 중 가장 다양하고 교육 수준이 높은 Z세대는 DE&I를 다른 세대보다 더 중요하게 여긴다. 그들에게 형평성은 필수적이며, 포용적인 직장 문화에 대해 매우 강하게 느끼기 때문에 유연성과 금전적 보상보다는 형평성과 공정성을 우선순위로 둔다.

DE&I가 조기에 정착되기 위해서는 서로 다른 세대 집단을 이해하는 것이 선행되어야 한다. 변화의 조류에 힘입어 Top-down 접근방식으로 DE&I를 도입한 기업들은 세대 간 더욱 뚜렷한 양극화 현상을 낳고 직원들 긴 갈등의 골은 깊어진다. 그러면 세대별 무엇을 중요하게 생각하는지, 이들에게 활력을 주는 요소는 무엇인지 등 세대별 특성에 대해서 살펴보자.

- 베이비붐세대(1946~1964년 출생): 제2차 세계대전 이후에 태어난 이들은 현대 직장을 창안한 공로를 인정받았으며 페미니스트 운동, 민권운동, 경기 침체, 전염병 등을 목격하고 경험했다. 이들은 다양성의 중요성을 인식하지만, 직장에서 포용력의 필요성을 인식할 가능성은 작다. 베이비붐세대는 1945년 이전 출생인 침묵의 세대가 주도권을 잡았을 때 DE&I가 거의 논의되지 않았고 강력한 직업윤리와 충성도가 우선시되었다. 따라서 그들은 다양성을 도덕성 및 규정 준수 문제로 보고 조직 내 대표성에만 초점을 맞추는 경향이 강하다. 그래서 그들은 DE&I를 직장에 속하지 않는 개인적 또는 정치적 문제로 보는 견해를 가지고 있다.
- X세대(1965~1980년 출생): '래치키 키즈Latch key Kids' 또는 '샌드위치세대'라고도 불리는 X세대는 부모가 모두 일하는 맞벌이 가정에서 자라난 환경 영향으로 매우 독립적이다. 이들은 인터넷이 출현하기 전에 성장했지만, 새로운 첨단 기술의 사용법을 숙달한 가장 연결된 세대로 간주된다. 이 세대는 민권운동 이후 가장 먼저 성장한 세대로, 이전 세대보다 더 나은 교육을 받았다. 그들은 양육 과정에서 훨씬 더 많은 다양성에 노출되었고 결과적으로 포용력

에 더 많은 관심을 가졌다. 그들은 베이비붐세대의 리더십에 뒤이어 2008년의 금융위기와 경기 침체, 그리고 2020년의 코로나19 팬데믹을 겪었다. 이들은 수백만 명의 베이비붐세대가 은퇴함에 따라 더 많은 고위급 리더 역할을 맡고 있으며, 젊은 세대는 그들이 DE&I 정책에 어떤 영향을 미칠지 기대하고 있다.

• 밀레니얼세대(1981~1996년.출생): 밀레니얼세대는 2025년까지 전 세계 인력의 75%를 차지할 예정이다. 그들은 기술 중심 세계에서 위험을 감수하고, 협력하고, 기업가가 되도록 격려받으며 성장했다. 자녀의 주위를 맴돌며 모든 것을 챙겨주고 지나치게 관여하는 헬리콥터 부모에게서 자란 밀레니얼세대는 DE&I에 대한 명확한 기대를 원하고 포용력을 희망하며 직장에 입사했지만, 직장 내에서 DE&I에 대한 책임을 묻는 것을 주저한다. 그들은 다양성이 각자의 개성을 뛰어넘는 것이며 다양하고 독특한 배경, 경험, 견해 및 스타일이 획기적이고 성공적인 비즈니스 결과를 창출할 수 있음을 인식하고 있다. 많은 밀레니얼세대가 취업 시장에 진입할 무렵인 2008년 금융위기와 경기 침체의 영향은 일과 삶의 균형을 추구하는 '워라밸Work Life Balance'이 연봉이나 보상보다 더 높은 순위를 차지하는 가치관을 형성했다.

• Z세대(1997~2013년 출생): Z세대는 역대 가장 인종적, 민족적으로 다양한 세대다. LGBTQ+에 대한 증가된 수요, 다양한 인종과 집단에 대한 노출을 고려할 때 Z세대는 직장 내 포용력에 대한 높은 기대를 품고 있고 또 적극적으로 요구하기도 한다. 그들은 다양성을 반영하고 존중하며 모든 직원을 공정하게 대우하는 기업을 선호

한다.

DE&I 정책을 추진할 때 베이비붐세대와 X세대는 다양성 표현에만 초점을 맞추는 경향이 강한 반면, 밀레니얼세대와 Z세대는 형평성과 포용성 그리고 그에 따른 실행에 중점을 둔다. 딜로이트의 조사에 따르면 밀레니얼세대는 DE&I 정책에 긍정적으로 반응하고 조직이 포용적인 직장 문화를 조성할 때 23% 더 적극적으로 참여하는 것으로 나타났다.[78] Z세대는 DE&I를 직장에서 협상할 수 없는 요소로 간주하며 잠재적 리더를 고려할 때 DE&I를 최우선 순위로 평가하는 경우가 많았다.

직장에서 DE&I 정책으로 말미암아 세대 간 발생하는 갈등을 관리하는 것은 복잡하고 지속적인 과정이다. 세대 간 인식의 차이는 물론 차별, 편견과 관련된 문제를 해결하려면 신중하고 체계적인 접근방식이 필요하다. 요컨대 DE&I 정책 때문에 발생하는 갈등을 관리하는 것은 직원 간의 차이를 가치 있게 여기고 존중하는 긍정적인 업무 환경을 조성하는 데 필수적이다.

갈등관리의 4단계
1단계: 의견 대립의 내용을 뛰어들기 전에 신뢰관계부터 구축한다.

서로 다른 견해로 오해와 불일치가 발생하는 경우 상대가 내 말에 동의하지 않으리라는 것을 알면서도 독설을 섞으며 말하는 경우가 있다. 상대의 감정을 지배하고 싶은 심리가 크기 때문이다. 이런 경우 상대가 "네, 잘 들었습니다. 이해했습니다"라고 얘기하기를 바라겠지만 상대는 더욱 적대적인 태도로 행동한다. 이런 식으로 갈등이 격화되면 빠져나오기도 어렵고 긴장감은 더욱 고조되어 분노에 찬 언쟁, 투쟁의 장으로 번지게 된다. 인간은 상대에게 같은 방식으로 응답하려는 성향이 뿌리 깊이 박혀 있기 때문이다.

감정적으로 대화를 시작한 상황에서 긍정적인 방향으로 전환하는 경우는 4%에 불과하다. 그렇다. 시작이 중요하다. 노련한 취조관은 거칠게 감정적으로 대화하지 않는다. 포로가 부상을 입었으면 의사에게 치료받았는지 물어보고, 지쳐 보이면 음식을 충분히 섭취했는지 물어본다. 긴장해 보이면 음악을 틀어주고 음악적 취향을 물어본다. 어린 자녀가 있어 보인다면 걱정 많은 아빠의 역할에 관하여 대화를 나눈다.

좋은 관계에서 좋은 대화가 이루어지는 법이다. 갈등을 해결하는 전문가들과 평범한 사람들의 차이는 바로 문제해결에 뛰어들기 전에 관계를 형성하는 것에 먼저 신경 쓰고 정성을 들인다. 당신이 상대에게 마음의 문을 열면, 상대도 당신에게 마음의 문을 열 가능성이 크다.

2단계: 타인의 가치를 존중한다.

성별, 종교, 낙태, 사형, 인종차별, 동성 결혼 등 오늘날 우리는 그 어느 때보다도 의견 대립이 일어날 가능성이 큰 사회에 살고 있다. 다양한 인종과 문화가 공존하는 사회에서 서로 다른 배경과 가치관을 가진 사람과 살다 보면 갈등이 계속 발생한다. 이런 경우 상대를 반드시 설득해야 한다는 도덕적 의무감을 느낄 때 가치 충돌은 더욱 심각해질 수 있다. 일례로 직장 내에서는 세대 차이 영향으로 X세대에게는 옳게 느껴지는 행동이 Z세대에게는 그르게 느껴질 수 있다. 이런 경우 상대의 가치가 틀렸다고 설득하는 방식은 결코 효과가 없다. 사회심리학자 클로드 스틸Claude Steele 박사가 '자기 가치확인이론Self-affirmation Theory'에 대해 연구한 결과 상대의 관점을 바꾸는 것은 거의 불가능하며, 자신이 강하게 믿고 있는 신념이나 가치관을 바꾸는 것은 특히 힘들다는 사실을 밝혀냈다. 누군가가 자신의 가치관을 바꾸고자 한다면 당사자는 더욱 단호한 태도를 보인다는 것이다. 따라서 상대의 가치를 설득하기보다 있는 그대로 받아들이는 것이다. 설사 상대의 가치에 대해 찬성하지 않더라도 말이다. 아주 독특한 문화를 가진 나라에 여행자라고 생각하면 좋을 것 같다. 방문한 나라의 문화를 이해하기 위해 노력해야겠지만 그 나라의 문화를 내 기준으로 바꿀 순 없다. 근본적으로 추구하는 가치관이 다른 사람을 인정하는 것이 불편할 수 있다. 하지만 상대의 가치를 있는 그대로 인정하면 상대방 입장에서 훨씬 깊이 공감할 수 있다.

이때 조심해야 할 것이 하나 있다. 사회심리학에서 당연한 전제로 여기는 개념 중에는 '근본적 귀인 오류Fundamental Attribution Error'라는 것이 있다. 상대방을 판단하는 데 상황이나 구조적 요건 등의 외부적 요인을 배제하고 성격이나 동기 등 내부적 요인으로 판단하는 오류를 말한다. 타인의 가치를 인정할 때도 있는 그대로가 아닌 타인을 실제보다 부정적인 시선으로 바라보게 되기도 한다. 편견이나 선입견을 배제해야 상대를 더 정확하게 인지하고 갈등 고리에서 벗어나는 데 도움 된다.

3단계: 생산적 의견 대립 과정을 거친다.

다양한 인력이 확보된다고 해서 모든 집단이 창의적인 것은 아니다. 오히려 다양하고 똑똑한 집단이 망하는 경우를 종종 목격한다. 그 이유는 집단에 순응하려는 욕구와 집단 내에서 지배적인 사람을 따르는 경향이 있기 때문이다. 전자를 '집단사고', 후자를 '공유 정보 편향Shared Information Bias'이라고 한다. 이런 경우 토론은 인위적인 것이 되고 사람들은 질문하지 않으며 획일적인 결과로 마무리된다.

의견 대립은 다양성의 장점이 발현되도록 문을 열어준다. 그런데 한 가지 문제가 있다. 집단사고와 공유 정보 편향의 문제를 해결하고 좀 더 건전한 의사결정을 할 수 있도록 반론이 보장되는 악마의 대변인 방식을 자주 사용하곤 한다. 버클리대학교의 사회심리학자 샬런 네메스Charlan Nemeth 교수는 의견 대립이 주어지는 상황에서 자신이 진짜 반대 의견을 말하는 집단, 반대하는 척하는 집단(악마의 대변인), 반대하는 사람이 없는 집단으로 나눠 비교했다.[79] 실험 결과 진짜 반대 의견을 말하는 집단이 반대하는 척하는 집단(악마의 대변인)과 반대하는 사람이 없는 집단보다 더 생산적인 논의가 이루어졌다. 문제는 반대하는 척하는 집단(악마의 대변인)과 반대하는 사람이 없는 집단이 큰 차이가 없다는 점이다. 즉, 악마의 대변이 생산적인 방식이 아니라는 것이다. 악마의 대변인은 역할적 조건하에 이루어지기 때문에 편협한 시야에서 벗어나지 못하고 자신이 정말

믿지 않기 때문에 곱씹어 생각해보거나 실행력을 높이기 위한 노력을 하지 않는다. 반면 자발적인 조건하에서 반대는 자기 말을 진심으로 믿으며 진정성을 갖고 풍부한 논의를 하게 된다. 위험을 무릅쓰고 실행으로 옮기며 자신이 틀렸을 수도 있다는 가능성을 항상 열어둔다.

4단계: 상호 이익이 되는 대안을 마련한다.

win-win 솔루션은 갈등을 공정하고 균형 있게 해결하기 위한 귀중한 전략이다. 그런데 갈등이 격화되면 상호 이익이 되는 전략을 포기하는 경우가 많다. 직장인의 75%는 창의성보다는 생산성을 높이라는 압력 때문이라고 응답한다.[80] 또한 갈등 해결을 단 하나의 문제, 즉 돈이나 자신의 이익만 챙기려는 제로섬 게임으로 보는 경향이 강하다. 결과적으로 이러한 방식은 갈등 해결 과정을 win-lose 게임으로 간주하여 서로 손해를 보는 결과로 마무리하게 된다.

대조적으로, 갈등의 당사자들이 서로 다른 선호도와 우선순위를 우호적으로 교환함으로써 가치를 창출할 수도 있다. 당사자 A가 당사자 B로부터 공식적인 사과를 받는 데 높은 가치를 둔다고 가정해 보자. 당사자 B는 당사자 A에 대한 합의금을 낮추는 대가로 사과를 기꺼이 받아들일 수 있다. 이러한 절충을 통해 당사자들은 평화롭고 지속적인 합의 가능성을 키울 수 있다. 물론 감정이 격한 상황에서 우호적으로 교환하기란 쉬운 일이 아니다. 하지만 상대방도 얻을 게 필요한 상황에서 모든 걸 쉽게 내려놓기란 어렵다.

예술이 그러하듯 조직도 싸우지 않는 조직은 생명력을 잃게 된다. 손쉽게 타협해버리면 제품과 서비스는 평범하고 지루한 것이 된다. DE&I를 구축하는 과정에서 갈등을 관리하는 것은 직원 간의 차이를 가치 있게 여기고 긍정적인 업무 환경을 조성하는 데 필수적이다.

5 DE&I, 무엇을 어떻게 측정해야 하니?

〈포춘〉이 선정한 세계에서 가장 존경받는 기업들은 모두 DE&I가 비즈니스 성과에 미치는 영향을 측정하고 평가한다. DE&I를 그저 지향하면 좋은 그런 가치로 여기는 것이 아니라 직원의 가치증대는 물론 영업, 마케팅, 고객서비스 등에 업무 활동 전반에 내재화하는 시장 통합 전략을 마련하고 있다. 글로벌 컨설팅사 가트너의 조사에 따르면 DE&I를 측정하고 책임을 부여하는 조직은 그렇지 않은 조직보다 최대 20% 더 높은 조직 차원의 포용력을 발휘한다고 보고했다.[81]

사실 DE&I를 측정하는 표준화되고 보편적인 기준 같은 것은 없다. 측정하려는 지표를 결정하기 위해서는 각 조직의 특성에 맞는 측정 방식을 선택해야 한다. 그러나 적절한 측정과 평가가 없으면 DE&I를 위한 노력과 효과성을 판단하기가 어려워진다. 의미 있는 변화를 주도하려면 조직이 DE&I의 성공을 측정할 수 있는 명확한 측정 기준과 평가 프레임워크를 확립하는 것이 중요하다. 그렇다면 DE&I를 측정하려면 어떻게 해야 할까? 어떤 DE&I 전략이 성공하고, 어떤 DE&I 전략이 실패하는 걸까?

DE&I 측정지표

DE&I를 측정하려면 가장 먼저 조직이 DE&I를 추진하려는 명확한 목표를 설정해야 한다. IBM은 '다름'은 경쟁력이라는 인식 아래 자사의 심벌인 '꿀벌Bee'을 시각화하여 다양성 그룹(흑인, 히스패닉, 아시아인, 원주민, 여성, 장애인, 참전용사, LGBTQ)의 역량을 강조하는 8가지 색깔로 구분해 사용하고 있다. 내부 직원뿐만 아니라 외부 이해관계자 모두 좀 더 다양한 인력을 창출하고 유연한 작업 환경을 조성하고, 포용력과 형평성을 바탕으로 적극적인 협력의 문화를 조성한다.

조직 차원에서 DE&I 추진에 대한 명확한 목표가 설정되었다면 인구통계학적 데이터 수집 및 분석, 직원 설문조사 수행, 리더십의 역할, 직원 채용, 유지, 승진 비율, 공급업체 다양성 수용 등의 데이터 기반 결정을 내려 DE&I 이니셔티브를 강화할 수 있다. 먼저 설문조사는 인종, 성별, 연령, 장애 상태 및 기타 요인과 같은 인구통계 관련 데이터를 수집할 수 있는데, 그 외에도 다음과 같은 항목이 반드시 포함되어야 한다.

- 회사는 다양성과 형평성, 포용의 문화를 지원하기 위해 최선을 다하고 있는가?
- 나는 회사에서 나 자신으로 존재하는가?
- 나는 팀과 조직에서 공정한 대우를 받고 있는가?
- 보복의 두려움 없이 내 의견을 말할 수 있는가?
- 내 업무가 팀 또는 조직에서 적절하게 평가받는가?
- 나의 리더는 내가 다양한 아이디어를 표현하도록 격려하는가?
- 지인 또는 주변 사람들에게 나의 회사를 추천하겠는가?

직원 만족도, eNPS 같은 설문조사는 조직 내 직원의 경험에 대한 귀중한 통찰력을 제공한다. 위와 같은 질문을 설문조사에 포함함으로써 조직은 직원이 인식하는 다양성, 포용성, 소속감 및 공정성 수준을 평가할 수 있다. 시간이 지남에 따라 이러한 설문조사 결과의 변화를 모니터링하면 DE&I 노력이 직원 경험과 전반적인 조직문화에 미치는 영향을 측정하는 데 도움 된다.

DE&I 측정지표를 사용하면 DE&I 노력의 결과와 진행 상황을 파악하고, 목표를 할당하고, 역할과 책임을 부여하여 투명성을 보장할 수 있다. DE&I는 조직의 비전과 단절된 단순한 실행이 아니라 조직의 핵심 가치와 상호 연결된 동인으로 간주해야 한다. 즉, DE&I는 단기 프로젝트가 아니라는 뜻이다. 한편, 미국, 호주, 프랑스, 독일, 일본, 영국의 10,000명 이상의 지식 근로자를 대상으로 한 연구에 따르면 오늘날 거의 3분의 1의 기업이 규정 준수 단계(초급)에 있는 것으로 나타났다.[82]

구분	측정지표	
인구통계	채용	•채용의 다양성 •지원자 풀의 다양성
	•현재 인력의 다양성	
	•직원 유지율 •직원 이직률	
	•승진율	
직원 경험	•eNPS(직원 순추천 지수) •직원 만족도	
	•직원자원그룹(ERG) 참여율	
	•소속감	
	•임금 격차	
오퍼레이션	•경영진의 여성 비율	
	•파트너 및 공급업체	
	•고객 다양성	
	•홍보 비율	
DE&I 리소스	•예산 배분	
	•멘토링 활용 시간	
	•DE&I 교육 실시 및 참여율	

비고
이 두 지표는 다양한 배경, 인종, 성 정체성, 성적 취향, 종교적 배경, 연령 등의 다양한 후보자 풀을 확보하는 데 중요함
C-level 경영진을 포함한 현재 인력에 다양성 정도
조직이 다양한 배경을 가진 직원들에게 포용성과 소속감을 제공하는지 확인하는 데 중요한 지표임
승진율을 평가할 때 한 그룹의 사람들만 승진한다면 이는 회사 문화 내에서 해결해야 할 문제가 있음을 의미할 수 있음
어떤 직원이 자신의 역할에 대해 더 높은 수준의 만족도를 보이는지, 어떤 직원은 그렇지 않은지 관찰해야 함
ERG(Employee Resource Group)는 포용적 문화 형성을 위한 노력 중 하나로 공통의 정체성을 공유하는 직원들이 서로 만나 재정적 지원과 리더십 액세스를 제공함으로써 역량을 강화함
모든 직원이 소속감을 느낄 수 있도록 동등한 접근과 기회 제공, 장애 배려 등을 하고 있는지를 판단
DE&I에서 중요한 문제 중 하나는 동일 노동 동일 임금임, 조직 내 급여 격차를 분석하면 급여 관행의 잠재적 격차를 인식하고 이를 지원하는 방안을 설계
리더십 직책에 있는 다양한 (여성)직원의 비율을 판단 다양한 배경을 가진 사람 중 얼마나 많은 사람이 고위직에 승진하는지 궤적을 판단
다양한 공급업체를 이용하고 있으며, 소외된 기업에도 적절한 기회를 제공하는지를 판단
고객 또는 클라이언트 기반은 얼마나 다양하며, 목표 시장에 서비스를 제공하지 못하는 특정 부문이나 그룹이 있는지를 확인할 수 있음
DE&I 활동 결과 및 DE&I 연례 보고서를 작성하고 이를 공유하는 정도
예산 증액 여부를 보면 DE&I를 얼마나 우선시하는지 알 수 있음
멘토가 멘티와 함께 보내는 총시간을 측정함으로써 프로그램의 효과와 유용성을 측정할 수 있음
확보된 예산이 DE&I 활성화를 위해 교육에 얼마나 소비되고 어떻게 진행했는지 알 수 있음

<유용한 DE&I의 측정지표 Pool> 225

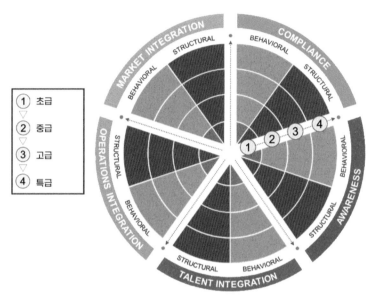

| ① 초급 |
| ② 중급 |
| ③ 고급 |
| ④ 특급 |

<DE&I 성숙도 모델>

위 그림은 지속 가능한 DE&I 활성화를 위한 DE&I 성숙도 모델
이다. DE&I 성숙도 모델은 각 단계(초급, 중급, 고급, 특급)에서 어떤
모습으로 진행되고 최종 성공 모습(특급)이 무엇인지 알려준다. 처
음부터 특급의 목표를 설정하고 이를 달성하는 것은 불가능하다.
단계별 성공 척도를 만들되, 단기ㆍ중기ㆍ장기 목표를 혼합하여 목
표를 설정해야 한다. DE&I의 측정지표가 표준화되고 보편적인 기
준이 없듯이 성공의 모습도 기업마다 다를 수 있다. 단계별 어떤 구
조로, 어떤 행동을 할 것인지 정의함으로써 DE&I의 현재 모습을 인
지하고 미래 모습을 구체적으로 그릴 수 있다.

- 원칙준수Compliance: CEO와 C-level 경영진은 DE&I 실천에 따른 위험을 사전에 모니터링하고 직위와 관계없이 DE&I 정책과 가치를 위반하는 모든 사람에게 동일한 원칙을 준수하게 한다. DE&I 수준을 향상하기 위한 단계별 원칙과 역할을 정함으로써 권력 역학과 부정적인 행동에 단호하게 대처한다.

- 인식Awareness: DE&I를 리더십의 최우선 순위이자 핵심 가치로 세우기 위해 DE&I 측정 기준을 설정하고 성과를 전 직원에게 알린다. 리더는 DE&I를 열정적으로 옹호하고 지속적이고 일관되게 포용적인 행동을 보인다. 직원들은 DE&I 교육에 능동적으로 참여하고 서로를 격려한다.

- 인재 통합Talent Integration: DE&I는 채용은 물론, 직원의 경력개발, 승진을 포함한 인재관리 전략과 완전히 통합되어야 한다. 조직은 다양한 인종과 능력을 갖춘 사람을 채용하기 위해 노력해야 하며, 포용적인 행동은 핵심인재 선발에 결정적인 영향을 미친다.

- 운영 통합Operation Integration: CEO는 조직의 성과 향상과 혁신적이고 창의적인 문제해결을 위해 운영 생태계에 DE&I를 통합할 책임이 있다. CEO를 비롯한 리더와 관리자는 포용적인 리더십 기술을 모델로 삼고 팀과 조직이 좀 더 다양하고 포용적인 방식으로 운영되도록 노력한다.

- 시장 통합Market Integration: DE&I는 영업, 마케팅, 고객서비스 등 모든 업무 기능에 내재화되어야 한다. 리더와 직원은 내부적으로는 물론 고객 및 파트너와 소통할 때도 DE&I의 중요성을 실천하고 브랜드의 일부로 간주한다.

DE&I에 진심인 애플은 DE&I 정책에 대해 지속적인 헌신과 DE&I를 인재 및 비즈니스 관행에 완전히 통합함으로써 궁극의 결과를 얻을 수 있음을 입증했다. 현재 애플은 18세부터 87세까지의 직원을 보유한 다세대 회사다. 30세 미만의 직원은 전체 직원의 3분의 1을 차지한다. 30세 미만 리더의 45%는 여성이고, 17%는 과소대표 소수자다. 애플은 각 세대의 리더가 이전 세대보다 더 대표성을 갖도록 최선을 다한다.

DE&I의 함정, 이렇게 하면 실패한다

DE&I가 조직 구성원에게 소속감과 동기를 유발하는 차원을 넘어 기업의 경영 성과에 긍정적인 영향을 주는 유용한 방법이긴 하지만 잘못 운영하면 함정에 빠질 수 있다. DE&I 전략의 성공을 위해 무엇을 조심해야 하는지 살펴보자.

첫째, 하향식 모델Top-down로는 진정한 변화를 이룰 수 없다. 이런 경우 참여할 동기가 부족하게 되고 종종 피로와 반발로 이어질 수 있다. 따라서 DE&I 측정지표를 바로 내세우기보다 직장 내 DE&I가 왜 필요한지 정당성을 확보하고 설득해야 한다. 어떤 직원들이 DE&I를 평가절하하는지 파악해 이들을 이해시켜야 한다. 직장 내 불평등이 어떻게 발생하는지 그 장벽을 파악하고 교육해야 한다.

둘째, 직원 설문조사 결과 또는 DE&I 활동에 따른 조치를 반드시 공유해야 한다. 직원들은 자신의 의견이 조직의 실질적인 변화로 이어진다는 것을 알고 싶어한다. 이를 위해 리더는 집계된 설문조사 결과와 DE&I 활동이 미친 영향력과 개선 사항들을 직원들에게 솔직한 공유해야 한다.

셋째, DE&I 전략을 HR 부서의 개별 업무도 취급해서는 안 된다. 또한 특정 소수 집단의 대표성을 높이기 위한 제한적인 노력에만 초점을 맞춰서도 안 된다. DE&I 전략은 반드시 전사적인 차원에서 이루어져야 한다.

넷째, DE&I 측정지표의 목표치가 떨어지는 징후가 보이더라도 DE&I 전략을 흔들거나 포기해서는 안 된다. 이 사실을 가감 없이 직원들에게 알려야겠지만, 미래의 모습으로 나아가도록 권장해야 한다. DE&I는 장기 프로젝트이기 때문이다.

POINT ··

세계에서 가장 존경받는 기업들은 모두 DE&I가 비즈니스 성과에 미치는 영향을 측정하고 평가한다. DE&I를 그저 지향하면 좋은 그런 가치로 여기는 것이 아니라 직원의 가치 증대는 물론 영업, 마케팅, 고객서비스 등 업무 활동 전반에 내재화하는 시장 통합 전략을 실천하고 있다.

참고 문헌

01 Amy Adkins and Brandon Rigoni (2016), "Paycheck or Purpose: What Drives Millennials?", Gallup Workplace.
02 Julie Rawe, What inclusive leadership looks like ─ and how to practice it, Understood.
03 Edmund L. Andrews (2013), "Are IPOs Good for Innovation?", Stanford Graduate School of Business.
04 Steve Bennett (2024), Diversity Recruiting Statistics 2024 - Everything You Need to Know
05 Julie Coffman, Elyse Rosenblum (2021), 10 Proven Actions to Advance Diversity, Equity, and Inclusion, Brain & Company.
06 Study Shows We are Born Creative Geniuses but the "Education" System Dumbs Us Down, Twenty on Toys.
07 이혜정 (2014), 서울대에서는 누가 A+를 받는가, 다산에듀.
08 Annamrie Mann (2018), Why We Need Best Friends at Work, Gallup.
09 Marla Lepore, Expect Difference: 4 Tips for Valuing Thinking Diversity, Herrmann.
10 Titus, What is Thought Diversity, and Why is It Important When Analyzing a Candidate?, 2020.2.19.
11 Obama Interrupted By Hecklers During Immigration Speech, NBC News, 2013.11.26.
12 Richard Florida (2005), Cities and the Creative Class, Routledge.
13 기업 혁신의 엔진 '다양성과 포용력', 이코노미 인사이트, 2018.01.01.
14 Marc Benioff and Monica Langley, Trailblazer: The Power of Business as the Greatest Platform for Change (New York, NY: Random House, Kindle Edition, 2019), chapter 2, 26-33.
15 정현천 (2017), 포용의 힘, 트로이목마.
16 Matthew Syed (2019), Rebel Ideas: The Power of Diverse Thinking, John Murray Publishers Ltd.
17 리처드 코치, 그렉 록우드 (2012), 낯선 사람 효과, 흐름출판.
18 E. O. Wilson (2002), The Future of Life, Knopf, New York.
19 정인호 (2017), 화가의 통찰법: 비즈니스를 바꾸는 예술가의 눈, 북스톤.
20 Clayton Christensen (1997), The Innovator's Dilemma: When New Technologies

Cause Great Firms to Fail, Harvard Business School Press, Cambridge, MA.

21 CNBC, Citigroup says female workers earn almost 30% less than male workers, 2019.10.31.

22 Cheryl. (2014). Women CEOs of the S&P 500, catalyst.org.

23 McKinsey & Company (2015), The Power of Parity: How advancing women's equality can add $12 trillion to global growth.

24 이호준, "노벨 경제학상에 클로디아 골딘 미 하버드대 교수, '남·여 임금격차' 파헤쳤다", 경향신문, 2023.10.17.

25 Christine R. Schwartz, Pilar Gonalons-Pons (2016), Trends in Relative Earnings and Marital Dissolution: Are Wives Who Outearn Their Husbands Still More Likely to Divorce?, The Russell Sage Foundation Journal of the Social Sciences, Vol. 2, No. 4.

26 See Cuberes, D., & Teignier, M. (2016). Aggregate Effects of Gender Gaps in the Labor Market: A Quantitative Estimate. Journal of Human Capital, 10(1), 1-32. https://doi.org/10.1086/683847 and Ferrant, G. and A. Kolev (2016), Does gender discrimination in social institutions matter for long-term growth?: Cross-country evidence. OECD Development Centre Working Papers, No. 330, OECD Publishing, Paris.

27 McKinsey & Company (2018), Women Matter: Time to accelerate. Ten years of insights into gender diversity.

28 공공부문 여성관리자 현황과 정책과제, 제106차 양성평등정책포럼 한국여성정책연구원, 2017.04.13.

29 연합뉴스, 美 스타벅스 인종차별 논란, 2018.04.15.

30 Anthony G. Greenwald & Linda Hamilton Krieger (2006) Implicit Bias: Scientific Foundations, 94 CAL. L. REV. 945, 946.

31 Pragya Agarwal (2020), SWAY: Unravelling Unconscious Bias, Bloomsbury Sigma.

32 Ibid.

33 AI Now Institute, Sarah Myers West (2019), Discriminating Systems: Gender, Race, and Power in AI - Report.

34 Masuda, T., Ellsworth, P. C., Mesquita, B., Leu, J., Tanida, S., & Van de Veerdonk,

E. (2008). Placing the face in context: Cultural differences in the perception of facial emotion. Journal of Personality and Social Psychology, 94(3), 365-381.

35 데이비드 포스터 월리스 (2023), 이것은 물이다_ 어느 뜻깊은 행사에서 전한 깨어 있는 삶을 사는 방법에 대한 생각들, 나무생각.

36 Matthew Syed (2019), Rebel Ideas: The Power of Diverse Thinking, John Murray Publishers Ltd.

37 Ibid.

38 The benefits of office politics, Accounting and Business, January 2023 Issue.

39 Henrik Bresman and Amy C. Edmondson (2022), Research: To Excel, Diverse Teams Need Psychological Safety, Harvard Business Review.

40 Hunt, V., Layton, D., & Prince S. (2015). Diversity matters. McKinsey & Company.

41 Angus Fletcher, Preston B. Cline, and Matthew Hoffman (2023), A Better Approach to After-Action Reviews, Harvard Business Review.

42 "What Successful Transformations Share," McKinsey Quarterly survey, January 2010.

43 SAS, Curiosity@Work Report, 2021.

44 Francesca Gino (2018), The Business Case for Curiosity, Harvard Business Review.

45 Brian Grazer 이매진엔터테인먼트 회장 직원에게 "이거 해" 대신 "어떻게 이 문제 해결할까" '질문 경영'의 놀라운 힘, 조선일보, 2017.02.18.

46 Gary Hamel and Michele Zanini (2017), What We Learned About Bureaucracy from 7,000 HBR Readers, Harvard Business Review.

47 [삼성 반도체 vs. SK하이닉스] HBM 기선제압 SK하이닉스, AI 시대 내다본 전략적 투자로 '게임체인저' 됐다, 조선일보, 2024.03.20.

48 Vijay Govindarajan, Anup Srivastava (2022), MBA 학위의 경쟁력이 갈수록 떨어지는 이유, Harvard Business Review.

49 Max Weber (1909), Bureaucratization.

50 Robert I. Sutton and Huggy Rao (2024), Rid Your Organization of Obstacles That Infuriate Everyone, Harvard Business Review.

51 Frank Dobbin and Alexandra Kalev (2016), Why Diversity Programs Fail, Harvard

Business Review.

52 Winkelmes, Mary-Ann (2013), Transparency in Teaching: Faculty Share Data and Improve Students' Learning, Liberal Education, v99 n2.

53 Matt Gonzales (2023), Bloomberg Report: Transparency in Gender-Equity Disclosures is Rising, SHRM.

54 Geoffrey Colvin, "America's Most Admired Companies," Fortune, 21 February 2000; and Shelly Branch, "The 100 Best Companies to Work for in America," Fortune, 11 January 1999.

55 Transparency is key to inclusive employment and government integrity, World Economic Forum, 2019.04.25.

56 Silvina Moschini (2019), Transparency is key to inclusive employment and government integrity, World Economic Forum.

57 Wise Marketer Staff (2023), Should brands be more authentic?, The Wise Marketer.

58 Warren Bennis, Daniel Goleman, James O'Toole (2008), Transparency: How Leaders Create a Culture of Candor, Jossey-Bass.

59 Marcus Buckingham, Ashley Goodall (2019), The Feedback Fallacy, Harvard Business Review.

60 트럼프 비호감도 55%… 역대 대통령 취임 전과 비교해 최고 수준, 연합뉴스, 2017.01.17.

61 Julia Taylor Kennedy and Pooja Jain-Link (2021), What Does It Take to Build a Culture of Belonging?, Harvard Business Review.

62 Rik Kirkland (2017), Focusing on what works for workplace diversity, McKinsey &Company.

63 Kagan Kircaburun, Andrew Harris, Filipa Calado and Mark D. Griffiths (2020), "The Psychology of Mukbang Watching: A Scoping Review of the Academic and Non-academic Literature", International Journal of Mental Health and Addition.

64 Screen time addiction? The average American spends 4.5 hours per day on phone, NBC 10 NEWS, 2024.01.23.

65 대퇴직 보고서, 맥킨지, 2022.1월.

66 HR 인사이트, 기업의 복리후생 구축 필수 여부 알아보기, Shiftee, 2023.02.05.

67 Hire Learning (2023) DE&I Hiring Strategies: 5 Steps To Improve Recruitment and Retention.

68 Stephen M. Garcia (2010), Tainted recommendations: The social comparison bias, Organizational Behavior and Human Decision Processes, Volume 113, Issue 2.

69 노벨상 수상자의 '인맥'엔 특별한 것이 있다, 동아사이언스, 2016.10.07.

70 Weiss, B., & Feldman, R. S. (2006). Looking Good and Lying to do it: Deception as an Impression Management Strategy in Job Interviews. Journal of Applied Social Psychology.

71 Deloitte Consulting LLP and Bersin by Deloitte, "Global Human, Capital Trends 2014: Engaging the 21st-century workforce.

72 Bernard Marr (2014), KPIs Don't Improve Decision-Making In Most Organizations, Linkedin.

73 Marshall Fisher, Vishal Gaur, and Herb Kleinberger (2017), Curing the Addiction to Growth, Harvard Business Review.

74 직장인 3,000명 대상 설문조사, MetLife, 2022 Sustainability Report.

75 S. Scullen, M. Mount, M. Goff (2000), Understanding the latent structure of job performance ratings, The Journal of applied psychology.

76 高橋 伸夫 (2004), 虚妄の成果主義: 日本型年功制復活のススメ, 日經BP社.

77 Ram Charan, Dominic Barton, and Dennis (2019), HBR's 10 Must Reads on Reinventing HR, Harvard Business Review.

78 Smith, Christie and Stephanie Turner (2019), "The Radical Transformation of Diversity and Inclusion: The Millennial Influence.", Deloitte University, The Leadership Center for Inclusion.

79 Charlan Jeanne Nemeth (2018), In Defense of Troublemakers: The Power of Dissent in Life and Business, Basic Books.

80 Monique Solomons (2023), 70 creativity statistics: work, school, and more, Linearity.

81 Lauren Romansky, Mia Garrod, Katie Brown, and Kartik Deo (2021), How to Measure

Inclusion in the Workplace, Harvard Business Review.

82 Ella F. Washington (2022), The Five Stages of DEI Maturity, Harvard Business Review.

DE&I 성공전략

초판 1쇄 인쇄 | 2024년 8월 10일
초판 1쇄 발행 | 2024년 8월 20일

지은이 | 정인호 **펴낸이** | 박찬근 **펴낸곳** | (주)빅마우스출판콘텐츠그룹
주소 | 경기도 고양시 덕양구 삼원로 73 한일윈스타 1422호
전화 | 031-811-6789 **팩스** | 0504-251-7259 **이메일** | judayeonbook@naver.com
본문 | 미토스 **표지** | ㈜

ISBN 979-11-92556-27-7 (03320)